JN036294

90歳現役声優

元気をつくる「声」の話

羽佐間 道夫

まえがき

私が声優という職業に就いて、すでに六十数年が経ちました。1933（昭和8）年生まれですから、この本の発行時には満90歳となります。

今も現役で声優として、映画やドラマの吹き替え収録、ラジオの朗読やニュース番組のナレーションなどで日々声を出し、忙《せわ》しなく過ごしています。

「声を出している人は長生き」という通説を耳にします。声を出すと筋力が鍛えられる、自律神経のバランスが整うなど、その理由はさまざまのようです。

ですが、その説をあざ笑うかのように、一世を風靡《ふうび》した声優界の達人がどんどん鬼籍に入っていきます。

『ルパン三世』でコミカルな演技が人気だった山田康雄（※1）、『太陽がいっぱい』でアラン・ドロンと顔が相似形・野沢那智（※2）、『スパイ大作戦』での重厚な声は、右に出る物なしの若山弦蔵（※3）、「アテレコの元祖」と言われ、人気不動の納谷悟朗（※4）、『サザエさん』の波平をはじめあらゆる役を残した永井一郎（※5）……そのほか枚挙に暇《いとま》がありませんが、この人たちは近年バッタバッタと足早に去って行きました。

大半は70～80代です。もっと早かった人も大勢います。みな、声を毎日のように駆使して、その魅力的な声帯を自負していた人たちです。しかし、絶えず声を使っていても。ほとんどが長寿とは言えない証《あかし》を残したのです。

もはや私と同じ世代の声優は、ほとんどその姿を消してしまいました。
「声優になっても長生きはできません、『声を出している人は長生き』は、まったくの迷信でございますよ」ということでしょうか？

しかし少なくとも私は、今も元気に働いて、毎日声を出しています。
そこで、この本を手に取っていただいた方に参考となるかもしれない、
――私はどうして元気なのか？――
一つの例として、厚かましくもお伝えしたいと思います。

どうぞ退屈しのぎにお読みください。
お役に立てることもあるかもしれません。

※1　山田康雄（やまだやすお）　1932年9月10日－1995年3月19日。アニメ『ルパン三世』シリーズのルパン三世役（初代）のほかクリント・イーストウッド、ジャン・ポール・ベルモンドの吹き替えなど。

※2　野沢那智（のざわなち）　1938年1月13日－2010年10月30日。アラン・ドロン、アル・パチーノなど二枚目俳優の吹き替えで知られる。白石冬美と共に深夜ラジオ『パックインミュージック』のパーソナリティを15年続けた。

※3　若山弦蔵（わかやまげんぞう）　1932年9月27日－2021年5月18日。独特の低音で『ローン・レンジャー』、『スパイ大作戦』シリーズ、『鬼警部アイアンサイド』などで主役。ラジオ『若山弦蔵の東京ダイヤル954』のパーソナリティを22年間務めた。

※4　納谷悟朗（なやごろう）　1929年11月17日－2013年3月5日。アニメ『ルパン三世』の銭形警部役、『宇宙戦艦ヤマト』の沖田艦長役、ドラマ『仮面ライダー』シリーズのショッカーほか悪の首領役。チャールトン・ヘストンの吹き替えでも知られる。

※5　永井一郎（ながいいちろう）　1931年5月10日－2014年1月27日。アニメ『サザエさん』で磯野波平役、『宇宙戦艦ヤマト』シリーズで佐渡酒造役。『機動戦士ガンダム』でナレーション。日本俳優連合の委員長として声優の待遇改善にも尽力した。

もくじ

第3章 声をつくるもの

第4章 声を育てる

第5章 元気をつくる声

第6章　声を楽しむ

第7章　声を伝える

column

第1章

現役の声

生涯現役——90歳、いまも声優

現在、レギュラーとして定期的にやっている仕事に、18年間続けているラジオ日本の朗読番組『わたしの図書室』（※6）があります。芥川龍之介、太宰治、夏目漱石、菊池寛など日本文学の短編作品を中心に朗読する番組で、1本が30分。日本テレビの井田由美アナウンサーと交互で放送していて、私は月に1回くらい録音に行き、2、3週分を収録しています。

この番組はリハーサルがなくて、スタジオに入ったら、すぐ本番。だから、家でかなり練習を重ねていきます。山本周五郎の『ひとごろし』という作品では、最後は「ひとごろしー！」と叫んで終わるのですが、家で大声を出して練習していたら、近所の人がビックリして外に出てきてしまったこともありました（笑）。

ほかには日本テレビの『news every.』（※7）内『every.特集』のナレーションを20年以上続けていたり、吹き替えだと『マーダーズ・イン・ビルディング』というアメリカのTVドラマを山寺宏一さんや林原めぐみさんと録ったり（私の昔からの持ち役のスティーブ・マーティンが主人公なのです）。映画『ロッキー』（※8）のシルヴェスター・スタローンや『ひまわり』（※9）のマルチェロ・マストロヤンニなど、昔吹き替えた映画の声を新規で録り直すということで呼ばれることもありますね。相手役は若い声優に替わっていたりもするんですが、私はなぜかいまだに呼ばれて、50年ぶりに同じ作品に声を吹き替えたりしています。

この本が出る2023年10月に配信されるアニメ『PLUTO』（※10）で

も、盲目の音楽家ダンカン役で出演します。手塚治虫の代表作『鉄腕アトム』（※11）の一篇「地上最大のロボット」を浦沢直樹氏がリメイクした漫画が原作です。私は1963年に放送された、日本初の長編テレビ連続アニメ『鉄腕アトム』にも出ていますから、ぴったり60年ぶりの縁になりますね。

声優として自分が出るばかりではなく、イベントのプロデュースなどもやっていて、2006年から20回以上開催している『声優口演』は今年も開催します。チャップリンの名作を中心に昔の無声映画に声優が声を当てるライブイベントなんですが、人気の若い声優も出て、アドリブ満載で何が飛び出すかわからない。笑い声で会場が揺れますよ。

私は、日本チャップリン協会の代表大野裕之氏が書き下ろした脚本を脚色したり、演出もしたりしていますが、出演するのは立派な声優ばかりで、自分の演技はそれぞれ自分で作ってくる。私がヘタに何か言うと、みんなのせっかくの良いところを壊してしまうので、あまり口出しはしません。それでも、音響や照明なども含めて、一つの舞台のアンサンブルを作るために、かなりエネルギーは使います。

レギュラーの仕事のほかにも、作品のインタビュー取材や、講演会なんかで呼ばれたりすることもありますから、声優になってから仕事が途切れることはなく、毎日たいてい、何かしら仕事はしていますね。

千変万化

日々の変化を楽しむ

毎日会社に通ってバリバリ仕事をしていた人たちが、定年を迎えて生活が一気に変わり、張り合いがなくなるという話を聞くこともあります。私も、定年になった途端、風船がしぼんだように老けてしまう人たちを見てきました。私の息子たちも60代になります。やがて定年退職になるであろう彼らもさびしさがあるようで、何となくパワーが落ちているのも感じます。

ですが、考え方を変えれば、定年というのは会社に運命を握られていた生活から〝自由になれる〟という面もあるのではないでしょうか。

私はこれまで、毎朝同じ時間に起きて、同じ時間に通勤して、という規則正しい生活を、一度もしたことがありません。

私の職業・声優は、人に敬われるようなものではないかもしれませんが、何かに拘束されるということがなかったのは、自分では幸せなことだったと思っています。有り難いことに仕事がなくなることもないまま人生を過ごしてきました。

常日頃から好奇心をもって、違うこと、新しいことに取り組む。そんな「千変《せんぺん》万化《ばんか》」な日々を楽しむことも、長寿で生涯現役の秘訣と言えるかもしれません。

あとは、特に長寿のために気を付けているというわけではないですが、とにかくよくしゃべりますね。いつも笑っています。

週に1回、近所の人たちと集まって、食事会でいろいろなことを話すんです。みんな、声優の世界なんて全然見たことがないという人ばかり。元日銀の審議員や、銀行の管理職を勤め上げた人、インベーダーゲームを最初に手がけた人、新聞社の現役等々、さまざまな職業をしていた人たちです。お互い想像もつかない世界の話が、興味をそそられるんですよね。全員奥さんを伴っての参加で、今年で27年目。皆、家族、兄弟のような接し方で終始笑いの渦です。

そのほか、社会奉仕連合団体のロータリークラブにも20年くらい参加していて、奉仕活動も学んでいます。こちらも週に一度の会合があり、いろんな人と話をしています。

オフの日はオフの日で「あの本を読まなきゃ。この本も……」と落ち着かないですね。読むのはラジオ『わたしの図書室』のこともあるので古い文学が多くなりました。

たいてい寝るのは夜のニュース番組を観てからで、12時半くらいです。起きるのはどんどん早くなって、今は5時くらい。変な話、頻尿でそれくらいの時間に目覚めてしまう（笑）。でも、そこで起きて朝に本を読むと、どんどん頭に入るんです。

新聞は経済紙を読みます。朝食は7時か8時。毎日、何かしら仕事があって出かけていますから、昼食はあまり食べません。夕食は家族みんなが集まって7時頃と決まっていて、私は、仕事の都合で間に合うかどうか、というところです。

家族は息子家族と娘家族の大所帯で、近所に住む孫家族がやってくると世代を越えてテーブルを囲みます。ひ孫は生まれたばかりと、3歳と5歳、小学1年生。私がお湯をこぼしたりなんかすると、ひ孫から「こぼしちゃダメなの」と叱られて、「ごめんなさい」と謝ったりもしています。（笑）。

食事に関しては、以前からジャンクフードは食べません。好きなのは大豆製品。豆腐、がんもどきとか。あとはかまぼこ、はんぺんのような練り物も好きです。肉じゃがのような煮物もよく食べますね。基本的に小食ですが、年齢を重ねても食欲は落ちません。江戸前で育ったからか魚が中心で、生野菜も好きです。

外食も多くて、近所の友達がいるようなお店に行きます。イタリアンや中華も行きますけど、だいたい和食。たまに焼鳥屋にも。

美術展もよく行きます。芝居も週に1本は観ています。帝国劇場でやった『キングダム』の大舞台も観ましたし、小さな劇場の誰もスターがいないお芝居に感動することもあります。

松本白鸚さんの娘さんで松たか子さんのお姉さんの、松本紀保さんの舞台を追っかけたりもしました。彼女、すごくいいんですよね。昔の高麗屋の遺伝子を感じます。

そんなふうに好奇心をもって、新しい世界には常に出会いたいと思っています。

2023年10月には『ボイスシネマ 声優口演ライブ2023 in 有楽町』を開催

寝たきり老人と対極の〝動きっぱなし老人〟！

放送作家・番組プロデューサー　藤田 亨

ふじたとおる●タレント、スポーツキャスターを経て報道の世界へ。放送作家、プロデューサーとして報道番組・企画を3000本以上手掛ける。主な番組は日本テレビ『真相報道 バンキシャ!』『news every.』など。著書に『「伝わるコトバ」の作り方』。

羽佐間さんとの関係は?

羽佐間道夫さんとは、日本テレビの夕方のニュース番組『NNNニュースプラス1』の時代から『NNN NewsリアルタイムⅠ』を経て、現在の『news every.』まで特集のナレーションで30年近くお世話になっています。ほかにも多くの特番や企画でもお世話になりながら、放送作家・番組プロデューサーとレジェンドナレーターという関係を越え、ときどき、食事などもご一緒する仲です。

羽佐間さんの完璧で、ちょっと困ったエピソード

羽佐間さんは、ご存じのようにたいへん味のあるナレーションをされる方で、仕事は早くて完璧、あまり出来の良くない映像も羽佐間さんの語りが入ると、ぎゅっと引き締まった仕上がりになります。その一方で、少し油断していると勝手なアドリブが入るので気をつける必要があります。外国人を取材したVTRの最後に「Good bye!」程度のアドリブは当たり前。「Adios!」「再見!」「アンニョンハセヨ!」なんて入れたりするから困ります。

羽佐間さんはなぜ長寿だと思いますか?

「寝たきり老人」という言葉があります。この言葉の意味は病気などで寝たきりになり動けなくなってしまった人のこと。一方で、この対極にあるのが羽佐間さんで、言わば「動きっぱなし老人」です。つまり、いつも多くの仕事に追われ忙しく過ごしていることで歳を取ることを忘れて「動きっぱなし老人」として、長生きしているのだと思います。

「勝手なアドリブ」と言いますけど、あちこち入れるわけではなくて。最後に映像が余ってしまう時に、そこを埋めているんです。逆に、アドリブを面白がってわざと空けてくるディレクターもいますよ(笑)。

第一声にいつも「やられた！」と叩きのめされます

ラジオ日本プロデューサー
平石ひとみ

ひらいしひとみ●ラジオ日本制作部専任プロデューサー。早稲田大学第一文学部日本文学専攻卒。ラジオ日本入社後は編成部長、本社報道部長などを歴任。趣味は映画観賞とピアノの演奏。136ページの録り下ろし音声収録も制作を担当。

羽佐間さんとの関係は？

羽佐間道夫さんがレギュラー出演している、ラジオ日本の朗読番組『わたしの図書室』のプロデューサーです。放送開始から18年目に突入。太宰治、森鴎外といった文豪から遠藤周作、浅田次郎などの人気作家の作品まで。1週で30分、連続ものだと60分、90分、ドラマチックに読み、演じる羽佐間さんの体力・気力・技にはいつも脱帽。ときに日本テレビアナウンサーの井田由美さんとの共演も企画し、楽しんでいただいています。

羽佐間さんに叩きのめされるエピソード

番組の素材を探すため、私は日夜、大量の本を読み漁っています。「あ、これなら羽佐間さんはこう読むな。さぞかし素晴らしいだろう」と想像しながら本を選び、勢い込んでスタジオ入り。そして、いざ収録が始まった瞬間、羽佐間さんの第一声にいつも「やられた！」と叩きのめされます。天の声?! 毎回、私の想像と期待をはるかに超えた第一声が飛び出すのです。宮部みゆき作「敵持ち」では、実に7役をこなした羽佐間さん。お見事！

羽佐間さんへのメッセージ

羽佐間さん、先日も『『わたしの図書室』を20周年まではやりたい』」と言ってくださいましたね。やりましょう、やりましょう！ でも、まだ何年もありますよ（笑）。私たちスタッフは、いくつになっても無限にある羽佐間さんの〝可能性〟を見つけられるよう、番組制作に励みたいと思っています。羽佐間さんに挑戦し続けたいです。羽佐間さん、私たちの挑戦を楽しみながら受けて立ってくださいね！ 羽佐間道夫は不滅です。

「1人7役」と言っても、そんなに大したことではないです。イメージを使い分けるだけですから。彼女はかなりの文学少女だったそうで、番組にかける情熱がすごい。寝ながら厚い本を読んでいると聞きます。手は痛くならないのか（笑）。

夢を想うロマンチストであることが長寿の源泉

テレビプロデューサー
柏木 登

かしわぎのぼる●1977年日本テレビ入社。チーフプロデューサーとして『スーパーテレビ情報最前線』『ザ!鉄腕!DASH!!』『行列のできる法律相談所』などの人気番組をスタートさせる。ATP賞グランプリ、総務大臣賞、文化庁芸術作品賞、民放連賞など受賞作多数。

羽佐間さんとの関係は?

1991年にスタートした日本テレビの『スーパーテレビ情報最前線』でチーフ・プロデューサーとナレーターという関係から、長いお付き合いが始まりました。世の中の森羅万象が対象の番組です。「コンビニ」から「皇室」まで、「岸和田だんじり祭り」から「ダイアナ妃」まで幅広く担当していただきました。羽佐間さんは「語り」と表記するのがふさわしい人間味あふれる表現をされます。「話芸」の域に至る趣があります。

羽佐間さんの印象深いエピソード

テレビ局のプロデューサーの顔色を気にするスタッフや出演者は多いのですが、羽佐間さんは制作会社のD（ディレクター）やAD（アシスタントディレクター）を大事にする方でした。歳も違い経験も違うにもかかわらず、スタッフにいつも同じ目線の高さで接しておられたのは印象深いことです。

当たっている番組はチームワークが良いものです。高視聴率を獲ったと言えば喜び集い、誰それが結婚したと言えば祝って集い……だいたいの場合、司会者は羽佐間さん。もちろん無償で買って出てくださいました。ダジャレの多い司会ぶりでしたが（笑）有り難いことです。

羽佐間さんはなぜ長寿だと思いますか？

ロマンチストだからじゃないでしょうか。夢を想い、誰彼に夢を語り、加えて夢の実現のための行動力が半端ないのです。それがご長寿の源泉かな。「人情に厚く、情熱家で、自由なアイディアと行動力の人」でいられるのは、奥様の愛情や包容力があってのことでしょう。

ダイアナ妃が日曜に亡くなり、月曜の放送まで10数時間で追悼番組を作ったことがありました。番組が始まって私がナレーションを読み始めてもまだ映像がすべて届かず、テープを持った人が走っていて、ドキドキもいいところ！そんな際どいところで一緒に頑張った仲間です。

＼羽佐間流／

長寿で現役メモ①

・常日頃から好奇心を持って新しいことに取り組み、変化のある日々を楽しむ 17ページ

・よくしゃべる。よく笑う。まったく違う世界の人と話す 17ページ

・朝は読書。新聞やニュースから社会情勢をチェック 18ページ

・ジャンクフードは食べない。大豆製品、魚、野菜など和食中心によく食べる 19ページ

・週1で観劇。美術展にも足を運ぶ。〝推し〟を追っかける。新しい世界に出会う 20ページ

第2章 声と健康

一病息災

病気と付き合う

「一病息災《いちびょうそくさい》」という言葉は、一つぐらい持病があったほうが、かえって健康に気をつけて長生きできるということですが、私は実は、90歳現役でありながら一病どころではなくいくつもの病気を抱えています。

まず幼少期はとても病弱で、実は3歳の半ばまで、歩くことができませんでした。入院していた大病院で「消化不良が要因の難しい体質」と言われていたのです。

食べた物を消化できないからか、立つこともできない。2歳の頃に医師に「治療に希望が持てません」と見放されて、母が「ならば自分で面倒を見て治してみせます！」とたんかを切って私を自宅に連れ帰り、お手伝いさんと二人、献身的な寝ずの看病をしたそうです。そして1年後、立ち上がらせることに成功しています。

もちろん私自身に当時の記憶はなく、後から母に聞いた話ですが、とにかく医師をビックリさせたそうです。

その後70数年、病とは無縁で生きてきました。うちのカミさんにも「本当に病院知らずだったわね」と言われます。

ところが78歳の時に突然、新宿駅の改札口の前で呼吸困難を起こし、へたり込んでしまいました。通りすがりの人たちが「大丈夫ですか？」と集まってきてくれて、救急車で病院に。心房細動という病気で、心臓の鼓動が一瞬止まっていたようで、緊急入院しました。家内によれば、半分死んでいるように見えたそうです。要は不整脈で、思い返せば脈が乱れて心臓がドキドキするような予兆はあったのですが。

82歳の時には、大雨の日に神楽坂のマンホールの上で滑って転倒。それが災いしたのか、家で肛門からブワーッと出血があって。掛かりつけだった六本木の心臓の病院から、「うちではダメだ」と救急車を呼ばれ、意識が朦朧《もうろう》としていた中で代々木の総合病院に運ばれました。大腸にできていた憩室《けいしつ》から出血していて、緊急手術を受けました。

しばらく入院して、やっぱり心臓も調子が良くないと、ペースメーカーを胸に埋めることに。さらに早期の胃がんも見つかり、内視鏡手術もしたのです。その2年後に検査を受けたら再発していて、再手術。さらに、次の年にもまた胃がんが見つかり、三度目の手術を受けています。そのたびに、繰り返し生還を遂げてきました。

小さい頃に大病を患い、その後は丈夫な体を誇っていたのが、70代になってからまた病気との付き合いが始まりました。90歳現役とはいっても、スーパー健康体ではまったくないのです。

無病息災とはなかなかいきませんが、いくつかの病気と付き合いながら、元気でやっていければと思っています。

犬馬之歯

「歯」と「喉」

「犬馬之歯《けんばのよわい》」という言葉があります。大きな功績を残すこともなく動物のように無駄に歳をとったという意味ですが、ここでの歯は「年齢」のこと。年齢の「齢」の字に「歯」という字があるのにも意味があり、昔から歯は人の成長や年齢と関係があると考えられていたそうです。

声優にとっても歯は命です。言葉は歯と舌の合作。歯が2本欠けたりしたら、息が漏れて「さしすせそ」が言えなくなってしまう。舌が歯に強くぶつかって出す音、歯間を息が通って出す音……。歯がきちんとしていないと、言葉が明確に伝わりません。

前述のとおり私は健康体とは言えませんが、歯は強いです。奥歯は4本抜きましたが、90歳で現在26本は全部自分の歯。差し歯、入れ歯は一本もありません。

歯磨きは朝と夜の1日2回やっています。電動の歯ブラシを使っていて、30秒ごとに自動で止まるので、上の歯と下の歯で2分ずつ、合わせて4分ほどかけています。歯間フロスも、食後に気になれば使っています。年を取ると歯の間が空いてきますから。

そのうえで、3ヵ月に1回、定期健診を受けて汚れを落とし、虫歯があれば治療を受ける。年齢のわりには歯は丈夫との診断結果が続いています。

「歯は長寿の源」というお医者さんもいます。歯が丈夫だと咀嚼《そしゃく》力があり、食べ物を優しく消化器官に送り込めると。90歳を迎えても、ご飯をちゃんと食べられるのは健康な歯のおかげです。

それから「喉」も大事。

喉のため、寝る前に吸入を丁寧にしています。市販の吸入器で水を喉にシャーッと浴びせる。毎晩必ずというわけではありませんが、翌日に大事な仕事があるときは欠かしません。

喉は自分の意識でコントロールできない部分なので、日頃から特に大事にしていないと、いざ仕事のときに感覚とズレたりするんです。おかげで、仕事で声が出ないということはないですね。

でも、実は32歳までチェーンスモーカーでした。1日にピース2缶を吸っていたほどで、やめようとしたら、24時間タバコのことばかり考えてしまう始末。当時は火鉢に誰かが残したタバコが刺してあって、それを針で刺して吸うという卑しいこともしていました（笑）。

どうやめたかというと、女房のお母さんに「道夫さんは具合が悪そう」と人間ドックに連れていかれて。そしたら、胃袋がどうしようもないことになっていたんです。「喉を使う仕事なのに、健康でいてもらわないと困る」と、ねじ伏せられるようにしてやめました（笑）。

それから60年近くになります。最近、カテーテル検査をして「血管がすごく丈夫です」と言われ、「えっ、そうなの？」とビックリしました。今、喉や血管が丈夫なのは、あの時タバコをやめたおかげもあるかもしれません。

阿吽之息

「呼吸」と「筋力」

歯、喉のほかに声優にとって大事なのは「呼吸」です。

発声が明確になるには、肺活量が大きく、吐く息が長いほど良いのです。いつも浅い呼吸ではダメ（年を取ると浅くなりがちですが）。

声優は、呼吸器官を鍛えるために、さまざまな呼吸法を試している人もいます。メソッドはいろいろあって、私は普段から、息をヒュッと3秒ほど素早く吸い、いったん2秒ほど止めて、溜まった息をゆっくり、時間をかけて吐き出す、ということをしています。

これは、どれだけ時間をかけて吐き出せるかというところがポイントで、最初は10秒ほどかけて吐き出していたのが、だんだん長くなりました。浅利慶太さん（※12）が興した劇団四季では、100秒吐ける役者がいるそうです。そこまで行くと、劇場の3階席の奥まで、マイクなしで声を届けることができます。

歩くだけでも、自然に呼吸が深くなっていきます。私もほぼ毎日、6～7kmを1時間10分くらいかけて歩いています。雨の日や、季節的に外を歩くのがキツいときは、プールで水中ウォーキングをします。そちらはだいたい40分ほど。それからジャグジーに入って、強めのシャワーを体に当てます。

歩くのは筋力をキープすることが主な目的ですが、目に見えて効果があるわけではなくても、歩きながら道行く人に今日も「おはよう」と言えるだけでもいいのかなと、医学的な根拠はありませんが感じています。舌も年齢と共にだんだん回らなくなるので、「らりるれろ」などを早口言葉で言って、口の筋肉を鍛えるようにしています。

表題の「阿吽之息《あうんのいき》」は吐く息と吸う息のこと。また気持ちが通じ合い、ぴったりと息があうことも言います。声優も、同時にアフレコをする仲間と息があうことは大事です。

歯、喉、呼吸、それから全身の筋力。

特別なことはしていなくても、声優として声のために意識してきたことが、自然と私の今の健康に結びついているように思います。

声を仕事にしていない一般の方でも、歯、喉、呼吸を大切にすることで、受ける恩恵は大きいはずです、たとえば会社で人の上に立つ人や営業マンでも、人に話をはっきり伝えることは重要。

「何を言ってるかわからないよ」と、人から聞き返される人は、普通に歩きながら息をヒューッと吸ってフーッと吐くことを心掛けるだけでも肺活量が大きくなり、見違えるほど話が通じるようになるはず。ぜひ試してみてください。歩くことと、ハーッと大きく呼吸することは、誰でもいつでもタダでできますから（笑）。

ただ、無理はしなくていいと思います。私もウォーキングをしていて「今日はやめておこうか」という気持ちになる日も出てきますけど、そういうときは無理しません。

肉体は衰えるもの。若い人と一緒のことはできませんし、これから20代の頃以上に、声が出るようにするのは無理ですよね。だけど、今の体調を保つために、年齢に合わせた自分のベストな方法はいつも追い求めています。

呼吸を合わせることを教えていただきました

声優　林原めぐみ

はやしばらめぐみ●フリー。主な出演作はTV『名探偵コナン』灰原哀、『新世紀エヴァンゲリオン』綾波レイ、『ポケットモンスター』ムサシ、『スレイヤーズ』リナ・インバースほか。海外ドラマ『マーダーズ・イン・ビルディング』ではメイベル（セレーナ・ゴメス）役。

羽佐間さんとの関係は?

デビュー当時から何かと共演も多く仲の良い山寺宏一氏の推薦にて、ディズニー+チャンネル配信の『マーダーズ・イン・ビルディング』という作品の吹替版にキャスティングしていただき、羽佐間さん、山寺氏、林原のトリオ収録がご縁のきっかけです。収録は、とにかく楽しく、どこを切り取っても、良い思い出と感謝しかありません。

羽佐間さんに教えられたエピソード

私は外画のアフレコが苦手です。関わってきた作品に後悔はありませんが、主語動詞先行の英語と表情。翻訳とのバランス、何かが「しっくり」し難い。そんな私に、羽佐間さんは「相手（自分の担当する海外の役者）と呼吸を合わせれば、自然に合ってくるよ、相手の心拍数、呼吸を意識するんだ」と教えてくださいました。ほ〜ら、達人はいきなり、こーゆーこと言うんだ!!　ヨガか？　太極拳か？　と思いつつ、私の心にストンと落ちるものがありました。合わせようとする意識の向こう側……。道は遠くとも、やっと楽しめそうな気がしています。ありがとうございます。

羽佐間さんはなぜ長寿だと思いますか？

年をとる……取る、執る、採る、獲る、録る……。羽佐間さんの「とる」はどれだろう……と考えてみました。年を「録る」だとおしゃれすぎるでしょうか。言葉や映像を世に放ち始めたテレビ創成期から「録る」に関わり、生き方そのものが記録の塊。あらがうことなく、流れるフィルムのようで、過去は修正できないけれど、その過去すら知らない誰かの未来へのメッセージになる。どうか、これからも、年を録り続けてください。

林原さん、収録の休憩時間にはいつも面白いお菓子を差し入れに持ってきてくれるんですよ。芝居も考え方が面白くて、発想が抜きん出ているように思います。2023年の『声優口演』にも出てもらうんです。舞台はめったに出ないのに、引き受けてもらい感謝しています。

常に変化を味わおうと瞳がギラついている

声優
朴 璐美

ぱくろみ●LAL所属。主な出演作はTV『鋼の錬金術師』エドワード・エルリック、『進撃の巨人』ハンジ・ゾエ、『金曜ロードショー』ナビゲーター、舞台『千と千尋の神隠し』湯婆婆／銭婆ほか。羽佐間さんと朗読劇『神楽坂怪奇譚「棲」』を共同プロデュース。

羽佐間さんとの関係は？

もう、お父ちゃんです。正真正銘、大好きな大好きなお父ちゃんです。神楽坂にあるスタジオでご一緒した帰り道「璐美、あそこにクラシックライブハウスがあるんだけどね、そこで何か一緒にやらないか」とお誘いいただき、父ちゃんと一緒に藤沢文翁作の怪奇譚シリーズ、体感型朗読劇をやることに。それがキッカケでｌａｌｓｔｏｒｙという企画集団を立ち上げました。父ちゃんが誘ってくれなかったら今もやってないと思います……。

羽佐間さんのエネルギーと愛がすごいエピソード

エピソードありすぎで何をチョイスしていいかわかりませんが、とにかくエネルギーがすごい。私のようなどこの馬の骨ともわからない人間に「一緒に芝居をつくろう」だなんて言えますかね……。役者・羽佐間道夫として生きてきたことを伝えてくださろうとしてることとビンビン伝わって、それでいて「お前も新しいものをよこせ！」と言わんばかりにガリゴリに攻めてくる。そして何よりも愛がある……。私の父の葬儀にも来てくださり、お墓のことまで心配してくれて「良いお墓あるぞ」と教えてくれたり（笑）。

羽佐間さんはなぜ長寿だと思いますか？

どこまで言っていいかわかりませんが、父ちゃんには本音を話せるので……それはもちろん「エロス」です。父ちゃんはエロいんです。常に新しいもの、普遍的なものへ敏感にアンテナを張っているんです。そしてご自身が変化することを全身で味わおうとするんです。それをエキスにしてるんです。だから父ちゃんの瞳はいつだってギラついてるんです。未知なるものへの探究心止まらない父ちゃん、エロいです。

「どこの馬の骨」ってことはないよね（笑）。朴さんとはシリーズものの仕事で一緒になって、イマジネーションがすごい、才能のある人だなと思っていました。「エロい」というのは、助平なことを「しそうでしない」流儀だ、と私は思います(笑)。

いつまでも滑舌が良い！お化けです

声優

戸田恵子

とだけいこ●ルックアップ所属。主な出演作はTV『それいけ！アンパンマン』アンパンマン、『きかんしゃトーマス』トーマス、『ゲゲゲの鬼太郎（第3作）』鬼太郎、『ブラタモリ』ナレーション、映画『トイ・ストーリー』ボー・ピープほか。

羽佐間さんとの関係は？

勝手に娘だと思ってます。

いつも舞台やライブを観にきていただいたり、お家に伺ってご家族と一緒にご飯を食べたりしています。

羽佐間さんの元気なだけじゃないエピソード

90歳ですよね？　元気な方はたくさんいらっしゃいますが、羽佐間さんは、スタイルも良いし何より頭がクレバーです。

いつも会話がウィットに富んでいて、笑いが絶えないです。
そしていつまでも滑舌が良い！　お化けです。

羽佐間さんはなぜ長寿だと思いますか？

奥様が素晴らしいからです。

私は娘だとは思っていません。どちらかというと、イイ女だな（もっと年が近ければ）と（笑）。私をお化けだと言うけど、戸田さんこそ100歳になっても現役で続けてそうな役者ですよね。生まれ持った天分が違う。声が本当にきれいだし、リズム感が良くて、ちょっとしたところも疎かにしない。舞台ではハケていく最後まで流し目をしていたり、芝居がすごく細かくて。なんで長寿かっていうと、なぜだかみんな私より奥さんを誉めますけど、家内は私とはケンカばかりしてるんですよ（笑）。でも、私の健康を気遣って、あれこれ口を出しながらもよくやってくれてはいますね。

私も長生きするから、元気でいてね！

声優

野沢雅子

のざわまさこ●青二プロダクション所属。TV『ドラゴンボール』孫悟空／悟飯／悟天、『ゲゲゲの鬼太郎』鬼太郎、『銀河鉄道999』星野鉄郎、『ど根性ガエル』ひろし、『怪物くん』怪物くんほか。羽佐間さんとは『声優口演』を立ち上げるなど長年公私ともに深い絆を持つ。

羽佐間さんとの関係は？

最近は声優口演でご一緒させていただいていますが、いつ頃からかもうわからないくらい前からのお付き合いです。

もちろんアテレコの現場でお会いしたんですけど、奥様とお友達でしたので最初からフレンドリーに接していただいて。

多分、何の遠慮もない仲だと思います（笑）

羽佐間さんはなぜ長寿だと思いますか？

自由人だからじゃないかな。

羽佐間さんへのメッセージ

ミッキー、90歳おめでとう！
本当は気を遣っているのに、気を遣っているように見せない優しいミッキー。
今のままのミッキーでいてください。
私も長生きするから、元気でいてね！

私のことをミッキーと呼ぶ人は、もうマコちゃんだけになりました。若い頃、実写の映画にも一緒に出たんです。営林署の役人夫婦の役で、福島県の会津に通って、１年くらいかけて撮りました。全国農村映画団体の制作だったのかな。低予算で現地では安い旅館に雑魚寝。マコちゃんが道端でオートバイに乗るシーンでひっくり返ったことがあったんですけど、脚が傷だらけなのに「私は大丈夫だから」と繰り返していて。すごく我慢強くて、人のことばかり気遣う人なんですよね。それ以来の付き合いです。才能があるうえに、ものを作ることにあれほど熱心な人はなかなかいません。私より少し年下ですが、一緒に時代を走ってきたという仲間意識を持っています。

column

長寿の職業？

この本には、声を生業とする私の話しか載っていませんが、長寿の職業というのはあるのでしょうか？

PCで調査してみると、トップは僧侶で、百歳超えはゾロゾロのよう。長寿の人生を選択したい人は、健在のうちに仏門を叩かれたほうが賢明のようです。

次は画家、それも女流画家。享年105歳の小倉遊亀（※13）、享年103歳の片岡球子（※14）、享年107歳の篠田桃紅（※15）らが長生きの記録を残しています。男性も享年102歳の野見山暁治（※16）をはじめとして、90歳超えが多いのです。ピカソは91歳、シャガールは98歳と、世界的にも画家は長生きの傾向です。

画家が長寿な理由は、歩いて歩いて、モチーフを求め続けるから！　そして完成させるために自由な空想を頭に描くから！　油彩の場合、絵具の筆をなめるから……（？）など、さまざまな理由を専門家は説いています。

才能に苦しんで、自らその命を絶っている人もたくさんいますので、正解とは限りませんが、興味深い傾向です。


不思議なことに、実業家もランクインしています。

ストレスは寿命を縮めると言いますが、経営の長たる人はさまざまな苦労があるでしょうし、人間関係で悩む人も多いはず。経済の心配でも心を痛めるはずなのに、どうして長寿なのか？

そして毎日のようにテレビや著書で、健康と長寿について情報を発していた有名ドクターは、私より若かった80代で逝去。

……やはり寿命は、神のみぞ知る、ということなのでしょうか!?

＼羽佐間流／
長寿で現役メモ②

・歯を大切に。毎日の歯磨き、定期健診は欠かさず受ける

34ページ

・喉の乾燥を防ぐ。寝る前の吸収もおすすめ

36ページ

・毎日6〜7㎞のウォーキングで呼吸、筋力を鍛える。無理せず、年齢に合わせて鍛錬

39ページ

第3章

声をつくるもの

父子相伝

スピーカーの声

「声」には、その持ち主が経験してきたすべてのこと、喜びや悲しみが入っていると思うことがあります。どんな人生を過ごしてきたかで、その人の声も変わってくる。そこで、私がどんな人生を過ごしてきたか、少し振り返ってみたいと思います。

父は慶應義塾を卒業して、三井鉱山に就職。当時、黒ダイヤと呼ばれた石炭の宝庫、九州の三池炭鉱に労務課長として赴任します。そこで母と結婚し、私たち三人の子供をもうけました。二つ上、四つ上に兄がおり、私は末っ子。梅子さんというお手伝いさんもいました。

したがって私は九州生まれです。小学2年の前半まで、九州弁しかしゃべれませんでした。「ぬしゃー、どがすったい（あなたはどうするの）？」「おどんがこんちょかときゃー（俺が小さいときには）」とか。

まさか声優になるとは思いもよらず、いまだにアクセントや方言を直されることもあります。

ここの炭鉱夫たちは、地上から1000メートルも離れた地下のトンネルで、ヘルメットにライトを付けて石炭の壁に立ち向かい、ひたすら採炭していました。

昼の休憩時間だけ地上に上がってくる彼らを少しでも癒やそうとしたのか、父は電信柱に括りつけられたスピーカーから

♪月が出た出た　月が出た　三池炭鉱の上に出た〜

という「炭坑節」をテーマ音楽のように流しながら、今でいうディスクジョッ

キーのようなことをしていました。

鉱夫たちの安否や慶弔などの情報を父自身が話したり、日本文学の朗読をしたり。菊池寛、有島武郎、森鴎外、夏目漱石などの作品だったと、後に母から聞きました。

幼い私は、スピーカーから流れる父の声を聴くのが好きでした。

母は、東京女学館を卒業したお嬢様育ちでしたが、たくましい人でもありました。当時、鉱夫たちの元締めには荒っぽい手配師という人がいて、「賃金を上げろ」と家まで言いにくるわけです。だから、母はいつも短刀を枕元に入れて寝ていたそうで、坊主頭の無法松みたいな手配師が来ても、玄関に毅然と立ち面と向かって「ただいま主人は留守です、お帰りください！」と言って追い返していたとか。

表題の「父子相伝《ふしそうでん》」という四字熟語は、父から子へ、芸能や学問などの奥義を代々伝えること。

私は父から直接何かを教わったわけではないですが、小さい頃に聴いていた父の朗読は、私が声優になったこととまんざら無縁ではなさそうです。

乳母日傘

梅子さんへの恋

この本の初めに、私の物心が付く前、病院に見放されたのを母が自宅に連れ戻し、献身的な看病をした話がありますが、実際に私を世話してくれたのは梅子さんというお手伝いさんでした。

梅子さんは私が生まれたときにはもう家にいて、私はずっと梅子さんを自分の母親だと思っていた時期があります。三兄弟の末っ子の私を「赤ちゃま」と呼んで、本当の自分の子供のようにかわいがってくれました。当時はきっと10代の乙女で、お手伝いに来るくらいだから貧しい家庭で育ったのだと思います。

3歳まで立つこともできなかった私は、いつも梅子さんに抱っこされていました。まさに「乳母日傘《おんばひがさ》」で世話してくれていたのです。

その梅子さんは、私が4歳か5歳の頃、結婚しました。うちからお嫁に出すということで、着物を並べて私と写っている写真も残っています。でも、私が幼稚園に行っている間に家を出て行ってしまったので、帰ってきてそのことを知った私は、気が狂ったように表に飛び出し、梅子さんを追いかけようとしたそうです。昔の『女中ッ子』(※17)という映画のシーンと同じように。それから2～3日、泣き通しだったと聞きます。

それから10数年経って高校生になった頃、私はお嫁に行った梅子さんに、九州まで一人で会いに行ったことがあります。10円玉や100円玉を竹筒に貯めて、鈍行の汽車に乗って何十時間もかけて。

母を通じて手紙のやり取りをしていて、行くことは伝えてあったんです。熊本駅で降りて改札を出ると人がたくさんいたので、梅子さんを探すのは大変だなと思いました。

ところが、人混みの中で「あっ、梅子さんだ!」とパッとわかりました。梅子さんも、まったく同じだったと言っていました。幼かった頃から10年以上経っていたのに、なぜなんでしょうね。

梅子さんはもう30歳を過ぎていたのかな。子供も生まれていました。家に連れていってもらうと、化繊会社勤めの旦那さんがまた実直そうな方で。私は「お坊ちゃま」と呼ばれて、床の間に置かれた座布団の上に殿様のように座らせられました。

東京からわざわざ九州まで行ったのは、とにかく、梅子さんに会いたかったんです。それは、幼いながらの恋だったのか、母親に対する恋慕に近かったのか……。いずれにしても梅子さんに対して持っていたような情感は以後、持ったことはありません。

櫛風沐雨

お坊ちゃまの転落

赤ちゃま、お坊ちゃまとしてかわいがられ、豊かだった生活は、8歳の時に始まった太平洋戦争と、10歳で迎えた父の死で一変。貧乏のどん底に落ち、「櫛風沐雨《しっぷうもくう》」の日々が始まります。

8歳で太平洋戦争が始まり、父に召集令状（いわゆる赤紙）が届くと、九州で暮らしていた私たちはあわただしく東京に戻ります。高輪にあった本家に仮住まいしますが、父には痔症があり、出頭命令を受けた騎兵隊から帰されてきました。

翌日から、父は日本橋室町の三井鉱山本社勤務になります。父の通勤で、私も小学校に通うため何度か一緒に電車に乗ったことがありました。満員の車内で息を吸うのも困っていた中、手を握ってもらったことを覚えています。優しい父親でした。

その父は、私が10歳だった1943年に、結核で亡くなりました。まだ45歳でしたが、当時の結核は、死亡率が非常に高い病気だったのです。その頃私たちが住んでいたのは駒込。父は本郷の東大病院に入院していて、「お亡くなりになりました」とだけ、電話がかかってきました。

その頃、戦況も悪化の一途を辿りだしていました。お嬢様育ちだった母は未亡人となり、残された三人の子を一人で育てなくてはならなくなります。

母は会社の厚意で三井の荻窪の寮の寮母をすることになります。

「ただし子供たちは親類縁者に預けて、離してきてください」。

そこで上の二人は新宿の小さな自宅に、私は母の弟に預けられます。かくして私たち家族は、バラバラの暮らしを強いられることになります。長兄は中学

2年、次兄は小6、私が小4。大黒柱の父を失い、我が家は崩壊寸前でした。食べる物にも困る生活です。当時は日本国じゅうみんなそうだったと思いますが、本当に下の下まで行きました。

終戦後は雑炊食堂というものがあって。役所からもらった券を持って並んでいると、配給をもらえたんです。お腹をすかしながら、そんな悲惨な生活をしていました。

とにかく生活していかなければならないので、私も中学に入った頃から、兄たちがどこかから持ってきた仕事を手伝って、街頭で南京豆やライターの芯を売っていました。

南京豆は屋台に積んであって、升で量り、新聞紙で作ったジョウロみたいな物から紙袋にあけて渡していました。その新聞紙を柔らかめに丸めておくと、南京豆がいくらか紙の間に入って溜まるんです。それは私たちの余禄になる

（笑）。そんなこともしながら食いつないでいました。

銀座の街々で夜中に拍子木を叩いて「火の用心」と言って回る仕事もしましたけど、火事が起きて、すぐクビになりました（笑）。

当時は逆境などと意識はしていません。何としても食っていかなければいけなかっただけ。でも、今考えると、よく生きてこられたなと思う状況でしたね。それまでの生活が豊かだった分、ものすごい落差を味わいました。

窮鼠噛猫

Sくんの茶筒

ちょっと遡って小学4年生の時には、国の指示に従って、母や兄と離れて集団疎開をしました。長野県上田の旅館の広間に児童が集められ、朝から晩まで一緒に暮らす生活。

猿山にボス猿が生まれるように、Oという子が部屋を牛耳り始めました。何かにつけて命令口調。先生や寮母さんの目が届かないところで、クラスメイトを配下のように扱うのです。

特におとなしいSくんは、かわいそうなくらいOにこき使われていました。布団を敷け！　寒いから誰かの掛け布団を一枚持ってこい！　明日の勉強道具を揃えておけ！　Sくんと仲良くしていた私も、歯向かう勇気はなく、命令に黙って従っている側でした。

そんなSくんは夜中にそっと起きては、自分の私物から小さな茶筒を布団に持ち込み、こそこそと中身の物を食べている様子がありました。隣の布団で寝ていた子も、見て見ぬふりをしているようでした。


この頃、東京は毎日のように空襲を受けていました。長野の旅館では、外にむき出した長い廊下の先に先生たちの部屋があり、夜になると児童に呼び出しがかかります。呼び出しの理由は決まっていて、親が空襲で亡くなったと伝えられるのです。

呼び出された児童は、不安と絶望を抱えて長い廊下を渡っていく。そして訃報を聞かされて、泣きながらまた廊下を渡って帰ってきては静かに自分の布団に潜り込み、耐えかねたように号泣する……それはまるで、拷問でした。

ある日、Sくんに呼び出しが掛かります。20〜30分して、口から飛び出そうな声を抑え込みながら、部屋に駆け込むように帰ってきました。

リュックから例の茶筒を取り出そうとしますが、ありません。向こうの床の間でボス猿のOがその茶筒を抱え、ニヤニヤ笑いながらボリボリ音を立てて、中身の物を食べていたのです。

後日、先生から聞いたところによると、Sくんが大切にしていた茶筒の中身は、当時は貴重で手に入らないはずの砂糖をまぶした大豆の菓子。Sくんのお母さんが空襲で亡くなる数日前に作り、送ってくれていて。Sくんはそれを毎晩布団の中で、きっと優しかった母を愛しみながら、そっと食べていたのです。


大事な豆菓子を奪われたSくんの顔面は蒼白に。そして、堰を切ったようにOに組み付いて、思い切り彼の顔を殴り始めました。「ワーッ」と、これまでに聞いたこともないような大きな泣き声を上げながら。

「何だ、てめえ！」とOが立ち上がった時、黙って事の成り行きを見ていたほかの子たちが申し合わせたように、全員でOに殴り掛かりました。勇気のない私もその中に混じり、彼に拳を振り上げていました。

「窮鼠嚙猫《きゅうそこうびょう》」、弱い者でも、追い詰められて必死になれば強者を倒す。みんなで力を合わせて、ボス猿の支配をひっくり返した瞬間でした。

時が過ぎ、Sくんとは10年ほど前、電話で連絡が取れました。会おうと約束しましたが、多忙に紛れ実現していません。今の消息はわかりませんが、彼にとっては悲しい思い出に違いなく、そっとしておいたほうが良いのかもしれないと思っています。

白雲孤飛

戦争の記憶

Sくんのことがあった時、私は父をすでに亡くしていましたが、東京の母にどうしても会いたくなりました。白雲孤飛《はくうんこひ》の思いです。

どうしたら会えるかを子供なりに考え、夜中に脱走したこともありました。便所の小さな窓からなんとか抜け出て、ドサッと宿の外に落ちる。立ち上がって、線路を目指して走りました。やっとの思いで駅に着くと、脱走に気づいた先生が先回りしていて。「無駄なことはしないほうがいいよ」と、宿に帰されてしまいました。

次に思いついたのが仮病をつかうこと。みんなが体操の時間に旅館の広場に出て行った後、毎日一人で部屋に残っては、柱の角に向かって相撲の鉄砲稽古のように胸をぶつけました。

赤く腫れあがったところを医学生風の若い校医に見せると、肋間神経痛という老人がかかるような病気と診断を受け、しばらくの間、東京に帰る許可を得ました。子供のくせにずるい行為でしたね。それほど母に会いたかったのです。

いまだ戦禍の激しい東京に戻り、目に映ったのは焼け焦げた町。灯火管制下で、夜は真っ暗です。

1945年3月10日の大空襲では、現在の豊島区や板橋区の下町を中心に10万人の死者を出しましたが、雑司ヶ谷に越していた我が家にも、焼夷弾がパラパラ落ちてきました。

竿竹の先端に水を浸した縄を巻き付けただけの原始的な消火道具で、火を噴く焼夷弾を叩いて消す。疎開せず東京に残っていた二人の兄は、留守宅だった隣の家で、屋根を突き抜けて落ちてきた不発弾を外に投げ出し、火災から守ったこともありました。

母や兄と、久しぶりの再会を喜びあった後、一夜明け、辺りが薄明るくなり始めた頃。私は好奇心で様変わりした町を見たくなり、護国寺方面につながる電車道を一人で歩いていました。微塵も動くことがない焼け焦げたチンチン電車。ゆらゆらと流れる煙。黒焦げの死体……。今でもはっきり、脳裏に焼き付いています。

護国寺前から大塚のほうへ坂道を登り始めた時、ぷーんと鼻を突く匂いに捉われました。それは確かに、生米が焼け焦げた匂いでした。芋が常食だった時代、どこの家の米びつを逆さまに振っても、糠一つ落ちてこないはずなのに、150メートルほどの坂道でずっと、焼け跡一帯から焦げた生米が嗅覚を強烈に襲ってきました。

私は疎開先でのS君の砂糖大豆を思い浮かべていました。あるはずのない砂糖や大豆を、息子を喜ばせるために大切に秘匿していた母の愛。ここでもきっと、戦争に駆り出された息子や夫が帰還したとき、真っ先に米を炊いて食べさせてあげたいと、妻や母が蓄えていたのに違いない。そんな勝手な想像をしながら、坂道を上っていました。

このセンチメンタルな記憶はその後、声優として喜怒哀楽を表現するとき、今でも一役を担っている気がします。

家に遊びに来る面白いお兄ちゃんでした

ジャズピアニスト
山下洋輔

やましたようすけ●ジャズピアニスト、作曲家、エッセイスト。国立音楽大学卒。世界各国で演奏活動を展開し1999年芸術選奨文部大臣賞、2003年紫綬褒章、12年旭日小綬章を受章。羽佐間さんとは親同士が親しい幼馴染で、家族ぐるみの仲。

羽佐間さんとの関係は？

母親同士が姉妹のような親しい関係でしたので、小さな時から家に遊びに来る面白いお兄ちゃんのような人でした。「みっちゃん、みっちゃん」と言って兄ともども懐いていました。

羽佐間さんの面白いエピソード

来るたびに何か面白いことをやってくれるという期待に応えて何でもやってくれました。喜劇俳優のモノマネ、時に大きな声を出したり大きな動作をして、面白い仕草を連発して、我々子供をいっときも飽きさせませんでした。

羽佐間さんはなぜ長寿だと思いますか？

自分の好きなことばかりをやって暮らせるからだと思います。幸運な才能を持った方です。90歳なんて笑い飛ばして、まだまだご長寿だと思います。

羽佐間さんへのメッセージ

みっちゃんがいてくれれば楽しいのでずっといてください。

我が家に遊びにきては一家を笑わせてくれたことを忘れません。家族の一員でした。みっちゃんも今でもそう思っていてくれているのでしょうか？

喜劇俳優のモノマネなんかしていたかな？（笑）洋ちゃんは小さい頃はクラシックを弾いていたんだよね。親戚の結婚式で伴奏を弾くように言われたりして。今や世界的なジャズピアニストですけど、本人は偉ぶることなく、コンサートに行くと喜んでくれます。私は洋ちゃんのお姉さんと幼稚園が一緒で、洋ちゃんのことは弟のように思っています。

45歳の若さで世を去った父の在りし日の姿

母と３兄弟。
母の膝に抱かれているのが末っ子の道夫

千草幼稚園にて。後列右から４番目が道夫、
前列左から２番目は山下洋輔さんのお姉さん

後にNHKアナウンサーとなる２つ上の兄・正雄と

父親が勤務していた三井三池炭鉱の炭鉱夫たち

第4章

声を育てる

一期一会

劣等感を胸に

思えば、劣等感を根底に抱えて生きてきました。

私の一家は侍の家系で、先祖は赤穂浪士の四十七士の一人、吉良上野介に一番槍をつけた間十次郎（※18）です。その槍は本家に受け継がれていたのですが、現在赤穂浪士たちが眠る泉岳寺に奉納しました。今も境内の記念館で見ることができます。

長兄は数学や国語がよくでき、NHKのアナウンサーになった次兄は音楽や体操が得意でした。5歳上の本家のいとこには後にフジサンケイグループの会長を務めた羽佐間重彰（※19）がいて、みんな学業優秀。その中で私はまるでできない劣等生でした。特に数学は苦手で、体操も音楽もだめ。「読み方」のほかはすべてが不得手だったんです。

字も下手で、上の兄が言っていたのは、父が沖縄など出張先からくれた手紙に「道夫は字が下手だから心配だ。お前がちゃんと面倒を見ろ」と書かれていたそうです（笑）。こちらから寄せ書きみたいにして送ったのを見て、そう思ったのでしょうね。「書く」ということには強い劣等感をいまだに持っています。

でも見ることは好きで、書の展覧会にはよく行きますし、素晴らしい書には感動します。絵も下手なのですが、美術館やギャラリーにも足を運びます。特に好きなのは、ゴッホや30歳で早世した佐伯祐三（※20）。最近は、佐伯祐三の展覧会に何度も通いました。絵も書も、自分が苦手だからこそ、余計に人の作品を見るのが好きになったような気がします。

そんな劣等感だらけの私を育てたものは何だったかというと、やはり後年経験した演劇との出会いです。

最初の出会いは、小学校3年生の〝初舞台〟。麻布、東大と進む優秀な同級生が多かった白金小学校に九州から転校してきた私はかなりの劣等生。九州弁混じりだったこともあり、みんなから馬鹿にされていました。

「読み方」の時間に私が九州弁混じりで教科書を読むのを先生が面白がったのか、それとも、もしかしたら転校生に自信を持たせてくれようとしたのか……、高橋という先生に、学芸会で全校生徒の前で、一人で朗読をするように言われたのです。題目は『カチカチ山後日物語』。うさぎの作った泥船に乗せられて溺れ死んだたぬきの三人の息子たち、たぬ六、たぬ七、たぬ八が親の仇を討つという、創作されたお話でした。

場所は屋内体操場。突き当たりに舞台があって、毎日の朝礼では、そこで校長が教育勅語を読んでいました。広い体操場はお客さんでいっぱい。兄や本家のいとこたちも見にきてくれました。

とはいえ、聞いているのはほとんどが小学生の子供ですから、ザワザワして聞いていないわけです。一つ覚えているのは「おーっ、たぬ六!」と読みながらパンと手を叩いたら、その瞬間みんながハッとなって注目したこと。この瞬間の記憶は、鮮烈です。

次は「たぬ七か!」と、またパンと叩く。そうするとまたこちらを見る。何分かごとに手を叩くたび注意を引くことができる。そうすると集中してもらえるんだとわかりました。後に劇団で舞台をやるときも、何らかの方法でショックを与えるようにしていました。

その朗読で周囲に見直されたかはわかりませんけど、いとこや兄たちにも「面白かった」と言ってもらいました。その後、法事などで親戚で集まるたびに、「あの時の道夫の朗読は……」と話題にされるくらいです。この経験が、私の現在につながるルーツになっていると思います。

芝蘭之交

さまざまな交友

「芝蘭之交《しらんのまじわり》」は、良い感化を受けるような人との付き合いのこと。私は演劇を通して、そんな交友をたくさん経験しました。

中学は名教（現在の東海大学付属中学）。ここで将来に希望を与えてくれる先生と出会います。当時早稲田大学文学部の大学院に在学中だったと思いますが、児童文学作家として注目されていた内木文英先生。演劇部を作り、私を誘って最初に芝居を教え込んでくれました。

私は本当にさびしい中学時代を過ごしていたんです。前述のとおり母は働きに出ていて別々に暮らしていたし、放課後はいつも一人で校庭に残っていて。そんな時文英先生が「どうした？　何かあったの？　一人？　じゃあ、芝居をやろう」と声をかけてくれました。

最初の舞台はノルウェーの民話『北風のくれたテーブルかけ』(※21)。主人公を演じさせてもらいました。貧しい少年に北風がテーブルかけをくれて、それを机の上にパーンと掛けると、大きいプリンが出てくる。実は机の下に人がいてプリンを持っていて、テーブルかけをパッと広げた時に持ち上げたのを私が胸で押して、それが出てきたように見せていたんです。そんなマジックにみんなビックリ。「観ている人を驚かせる」というのは基本ですね。演劇は面白いということは文英先生に教わりました。

そうして演劇に興味を持ったものの、堅い家庭ですから、役者になるなんて猛反対。高校の3年間は演劇と触れ合うことはなく、その反動もあって大学には進学せず演劇学校に入学します。家からは半分勘当みたいな扱いでしたが、ここで土方与志（※22）先生、秋田雨雀（※23）先生といった良き指導者に恵まれ、シェイクスピア、チェーホフなど戯曲の根幹を叩き込まれることになります。

相変わらず豊かな生活とは無縁でアルバイトをしながら何とか生活していましたが、カツカツの毎日。しかも、昼間は演劇の勉強があり、アルバイトをするには夜しかありません。そこで手を差し伸べてくれたのが、母の弟で私の叔父の小古井太郎という人でした。叔父は、B29の空襲で奥さんと六人の子を亡くし、ただ一人残った長男も病気で他界。その悲しみを乗り越え、戦後わずかな期間で神田須田町に立花亭という寄席、銀座裏に串助という鳥割烹の料理屋を作ります。演芸が大好きな人だったので、芝居の道に進んだ私をたった一人理解し心配してくれていた。その叔父が、立花亭で入場券売りをやらないかと声をかけてくれたのです。

売り場は通称テケツ（手穴）、入場券と金銭のやりとりをするために手が通るほどの穴があいているだけで、誰が売っているか顔や姿は客からは見えません。売り子はたいてい女性なので、客の中にはときどき、先入観から私の手を握ってきたりする人もいました。そういうときは、こちらも女性の声を模して「あら、いやー」なんて言ったりもしていて（笑）。後付けですが、これが声優の訓練にもなりました。

しかし何よりの収穫は、寄席の名人芸に間近でたくさん触れられたこと。古今亭志ん生（※24）、春風亭柳橋（※25）、桂文楽（※26）、三遊亭圓生（※27）……。初代林家三平（※28）や、志ん生の弟子で、古今亭志ん馬（※29）とは個人的にも仲良くしていました。二代目広沢虎造（※30）の浪花節、一龍斎貞水（※31）の講談、エンタツアチャコ（※32）、春日三球・照代（※33）の漫才なども目にしています。

昼間は演劇学校で新劇陣に教わり、夜は大衆芸能のお笑い芸に魅せられる。この生活が今考えれば、『ピンクパンサー』（※34）や『俺がハマーだ！』（※35）のようなコメディの演技の土台になっていたかもしれません。

ナレーションでも、寄席芸人がお客さんに語りかけていたように、すぐ目の前の人に語りかけるように、というのを意識しています。テレビを通して見ている人に、手が伸ばせるような声とはどういうものか、と。

今日まで仕事が途切れずに働いてこられたのは、こういった名人との交友が、大きな財産となって自分を助けてくれているからだと思います。

合縁奇縁 ―― 声の仕事

演劇学校を卒業したちょうどその時、中芸という劇団から私たちに「入らないか」と声がかかりました。連絡船「洞爺丸」の沈没（※36）で、若手の俳優を大勢失っていたのです。各地で公演をすることが決まっていて、すぐにも役者が必要だった。そこで「俳優学校を卒業しているならズブの素人よりはいいだろう」ということで私たちに白羽の矢が立ったようで、舞台役者としての生活が始まります。思えば合縁奇縁《あいえんきえん》、不思議なめぐりあわせです。

早速地方公演、東京公演、学校公演と忙しい日々を送ります。無我夢中で稽古に明け暮れる日々でしたが、毎月決まった給料が出ることはなく、懐のやりくりは大変でした。

そんなある日、街でばったり岡田太郎さんに会いました。後の吉永小百合さんのご主人で、フジテレビの重役から共同テレビの社長になった人ですが、私とは母同士が仲良しで、学生時代からかわいがってもらっていた幼馴染だったのです。「今何してるの?」「劇団にいますがプー太郎です」「一度会社に来ない?」と名刺をもらうと、文化放送と書いてあり、そこでラジオドラマの仕事を紹介してもらうことになります。

当時、劇団の役者はみんな本当に食えなかった。でも、ラジオドラマの仕事というのは、そこそこ出演料がもらえた。だから、貧乏役者にとってはすごくありがたい話だったのです。

ラジオドラマの現場にいたのは、三大劇団の民芸、俳優座、文学座の役者たち。すでに巨匠だった東野英治郎さん(※37)、小沢栄太郎さん(※38)、千田是也さん（※39）たちの姿もありました。その中にポンと放り出された私は、右も左もわからない駆け出し。「こんな下手なやつとやるのはイヤだから帰る」と言われたことは今も忘れられません。くやしくて、その日の帰り道は涙しました。

しかし下手くそでも何でも、せっかくもらった仕事だから食らいついていくしかない。生活のために、とにかくやっていた。これが、私の声の仕事の始まりでした。

劣等感だらけの人生でしたが、演劇を通して人との出会いに恵まれ、そこから少しずつ、劣等の意識が剥がれていったような気がします。

足元を見れば早や90歳、それでも未だ青二才という自覚と、劣等の意識がとれない日々です。だからこそ、日々研鑽していられるのかなとも思います。

テレビ局の人に「羽佐間さんの声は優しい、と言う視聴者がいる」と聞いたことがあります。怒っているシーンでも暴れているシーンでも、どこかに優しさを感じると。そこは自分ではわかりませんが、先天的なものでなく、いろいろな境遇を経てきたことで、自分の声ができてきたように思います。

炭鉱でのスピーカーから流れる父の放送を聞いていたこと、小学校での朗読の体験、疎開先でSくんに学んだ集団の力、寄席で触れた落語……。そうしたものがどこかですべて、私の声の仕事へ連なっているような気がします。幼少期に梅子さんに対して抱いていた甘い情感や、学校で味わった苦い劣等感も、私の声に内包されているはず。

父が亡くなり、戦争に翻弄され、どうにもならない環境にいた時代。食べていけるかどうかの毎日で、普通の人が経験しないようなことは、ずいぶんしてきました。その時代の経験も、今思うとすごくジャンプ力を付けてくれました。つらい経験をしていなかったら、まったくつまらない人間になっていたかもしれません。

だからこそ、自分が人を助けられるなら助けてあげたい。心の支えになってあげられたら、と思うようにもなりました。何歳になっても「人に優しくあれ」というのは、変わらぬ目標ではあります。同時に、人に優しくすることが、自分にとってもいちばん幸せなことで、力のもとなのかなと、今は感じています。

あと何年かの人生の中で、全然違う悪魔が自分の中に現れて、優しさを叩き潰しにくることがあるかもしれません。そこを乗り越えられる準備ができているかどうかが、これからの課題ですね。

神田の寄席・立花亭で入場券売りのアルバイト。名人の間を盗む〝門前の小僧〟だった

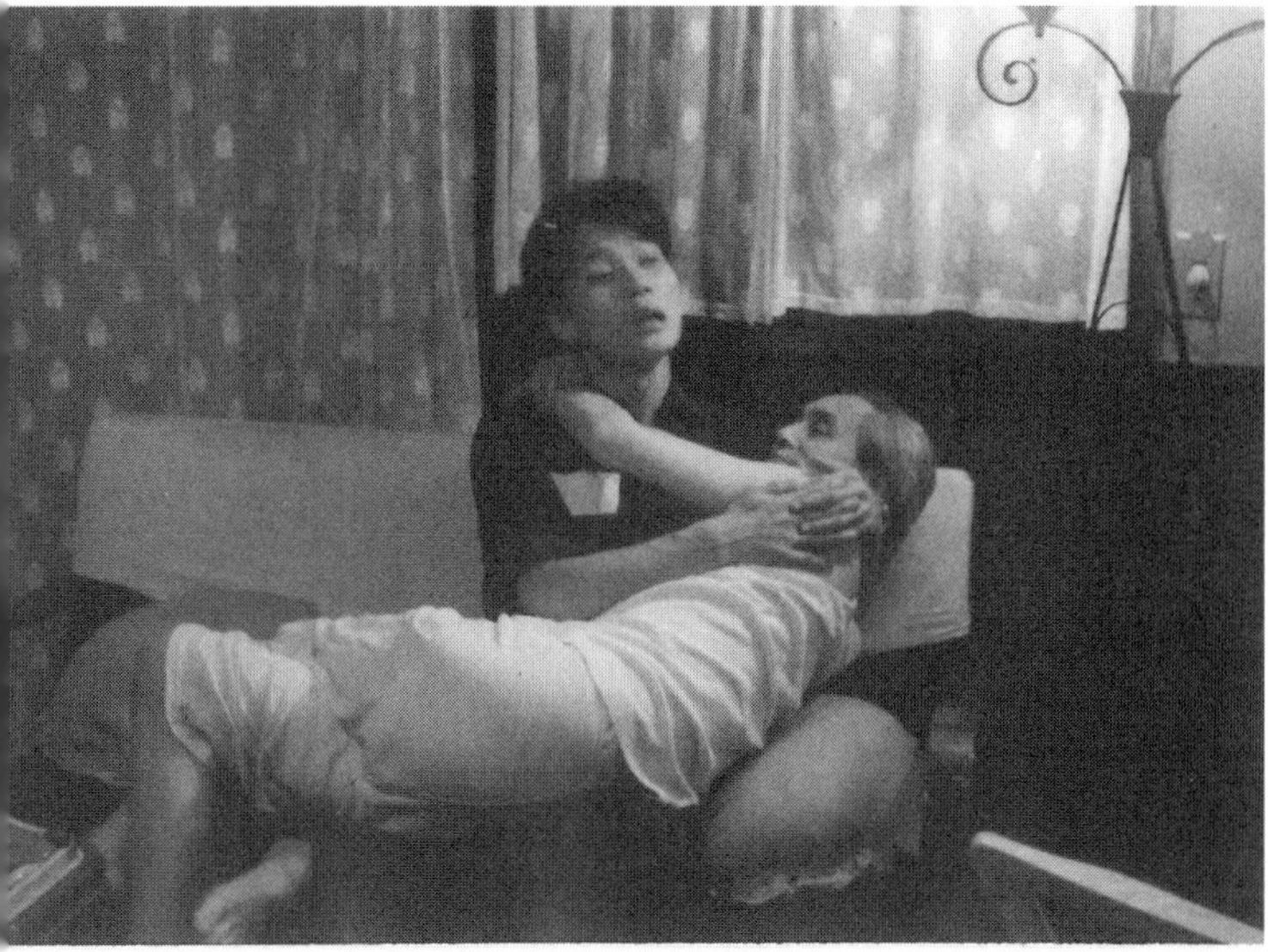

20歳の頃、「お父さんのような存在だった」劇団中芸の主宰・薄田研二さんと芝居の練習。大切な一枚

column

初代林家三平との思い出

切符売りのアルバイトをしていた立花亭では、直接芸人に触れる機会が多くありました。

いちばん仲が良かったのは、当時圧倒的な人気を誇りつつあった初代林家三平さん。まだ真打ちにはなっていませんでしたが、彼の「どーもすいませんｌ「よしこさ〜ん」のフレーズは、真打ちを打ち負かすような明るさがありました。

ある日寄席の椅子を掃除している私を三平さんが「ミチオさーん」と呼び止め「『女性に関する十二章（※40）』って本を持っていますカー？」と聞か

れたことがありました。当時、作家・伊藤整のそのエッセイは大ベストセラー。「持ってますよ」と返事をしたら、「貸してクラサーイ」と。で、明くる日貸してあげたら、次の日早速そのネタを高座にあげて一席やっているんです。

「あっしね、伊藤整の本を読んできたのよ。タイトルは、いいですか、『女性に関する十二章』ですよ！」なんて。三平さんがそんな本を読んでいるってことがもう面白いんです。哲学的な話と熊さん八っつあんの世界、その落差がおかしくて。本をそのまま読みあげただけの冒頭で、もう大ウケ。客を飲み込んでいました。

舞台から客いじりをするのも本当に絶妙。人の心をつかむ語り方というものは、三平さんはじめ、落語家たちにすごく影響を受けました。アドリブ、ナレーション、すべてのルーツになっていると思います。

＼羽佐間流／
長寿で現役メモ③

・人との交友が長く働くうえでの財産になる

88ページ

・劣等感があるからこそ研鑽できる。つらい経験がジャンプ力をつけてくれる

91ページ

・人を助け、人に優しくすることが自分にとっても幸せなことで、力のもとになる

93ページ

第5章 ── 元気をつくる声

創意工夫——一つひとつ全力で

ラジオドラマの仕事を始めてしばらく経ったとき、NHKからラジオ放送の子供番組の声がかかります。台本をもらって、ビックリしました。キャスティング表に次の文字が書いてあったんです。

「椅子……羽佐間道夫」。

そんな役をやるのは初めてだったので驚きました。おとぎ話だったので、椅子がしゃべったらどうなるのかと、作家が考えたのでしょうか。当時のラジオドラマはほぼ何もないところから話を作っていましたから、何でもありだったんですね。

椅子役と言っても、台本には普通のセリフがあるだけ。自分で勝手に椅子になりきって「イーッ。痛いよー。ギイギイ」なんて、アドリブで擬音まがいの言葉を入れたりしました。

ディレクターとしては、一言でも二言でも、椅子を連想させるものが出れば十分だったのだと思います。キキーッ、ウォーン、キュッなんて言いながら、いかにも椅子がしゃべっているような雰囲気を作り上げて、わりとすぐＯＫが出ましたね。

椅子役を面白いと思われたのか、それともただの意地悪なのか（笑）、その次の台本に書いてあったのは

「塀……羽佐間道夫」。

もちろん塀もしゃべるわけはありませんが、力を入れて「んーっ……」「カ

ッ！　ブッ！」なんて工夫して、何とか塀らしくやり遂げました（笑）。

ほかに面白いところでは、「北風」、「南風」それから「水」、「太陽」なんてのも演じたことがあります。カンカン照っている太陽は、すごく大きな声で「オーッ！　ワーッ！」と言ったりしていましたね。

画がないラジオドラマは、そういうイマジネーションを働かせる場でした。想像したものをどういうふうに聴く人に伝えるかが、テストされていたんだと思います。

工夫しないとダメですが、うまくできれば次週に新しい仕事が1本増えるんです。声の仕事は食えない役者の大切な収入源でしたから、そりゃあ、張り切って創意《そうい》工夫《くふう》しますよね。

そんなふうに一つひとつ、目の前にやってきた仕事に夢中で取り組んでいたら、私の出たあるラジオドラマを聴いた人から、外国映画の吹き替えをやってみないかという話があったんです。それで、『ホパロング・キャシディ』（※41）という西部劇の吹き替えをすることになりました。

日本でテレビ放送が始まったのは1953年。最初は放送するコンテンツがないということで、輸入した外国のドラマのフィルムを片っ端から日本語版に吹き替える作業が必要になったんですね。

それまでずっと劇団で舞台をやってきて、貧乏でも仕方ないという気持ちでいましたが、マスコミではある程度の仕事の保証付きで、私はそちらへと舵を切ることにしました。28歳で結婚もしましたから。

テレビのゴールデンタイムの多くが、外国の人気番組で埋められていきました。吹き替えの仕事もどんどん増えて、1日に何本もの番組を渡り歩く日々になります。

耳聞目見

困ったときのアイツ

吹き替えの仕事を始めると、TBSのプロデューサーが、私に何でもかんでも振ってきました。『コンバット！』（※42）カービー二等兵のジャック・ホーガンも、『ひまわり』のマルチェロ・マストロヤンニも、『ロッキー』のシルヴェスター・スタローンも。全然違う役で、とんでもないんですけど（笑）。

『ひまわり』をやった時は、画面のマストロヤンニが無表情で、声で補っていくしかなくて。最後の別れのシーンで汽車がバーッと出ていく時、彼の「君が好きだ」という心の声が聞こえるようになれば最高だなと思っていました。

「レモンスカッシュのように香りを残しながら泡のように消えていく声」と言

われたりもしました。

でも、『ロッキー』は「どうして俺なの?」と。スタローンの野獣のような低音の声は、自分が持ってないものですから。若山弦蔵さんならスッと出るような声なんですが、私は無理して作って、少しでも近づかないといけない。

スポーツ観戦か何かで叫び続けていると、喉がかれて、翌日に「これ、誰の声?」みたいになることがありますよね。そんな声になればいいと、3~4日海に通っては、大声で浄瑠璃を叫んでみました。そうやって声を潰して、ボクシングの試合で雄叫びを上げたり、「エイドリアーン!」と叫んだりしたのです。

『ロッキー』の吹き替えを初めてやったのが40年前。自分の中では代表作というと、もっと前のダニー・ケイだったりしますが、世間では『ロッキー』で私を知っていただいた方も多いようです。

ボクシングの映画ですから、吹き替えるだけですごく体力を使います。最初は28分のテープを途中で切れなかった時代ですから、12ラウンドをリテイクなしで一気に録っていく。その後、ライバルの息子を育てる『グリード』も含め、シリーズ8作を30数年にわたって作ってきました。もともとスタローンは私に合っている声質でないのに、どうして演じ続けさせてもらったのか、わかりません。プロデューサーには「大事なのは声ではなくて心」と言われましたが。

ほかのテレビ局にも、私にいろいろ振ってくれるプロデューサーがいました。かわいがられていたのか、いいように使われていたのかわかりませんが(笑)、「キャスティングに困ったときはあいつに」「困った時の羽佐間」と言われるようになっていたようです。

コメディでは『俺がハマーだ!』や『特攻野郎Aチーム』(※43)、シリアスでは『評決』（※44）のポール・ニューマンや『フレンチ・コネクション』（※45）のロイ・シャイダーなど、両極端なところをやってきました。

シリアスもコメディもできたのは、私が新劇にも寄席にも馴染みがあったから、というのはあると思います。演劇学校時代は、昼間シェイクスピアを叩きこまれ、夜はアルバイトで落語の間を叩き込まれた。お坊ちゃまから、貧乏のどん底に落ちた経験もあります。

耳聞目見《じぶんもくけん》、自分の耳や目でもって見聞きし、経験してきたことが、仕事に結びついた。落差の大きな経験が幅を広げる……結局、どんな経験も栄養になるのだと思います。

観感興起

観察して心を動かす

ラジオ番組『わたしの図書館』で文豪の短編を朗読していると、さまざまな人物が登場してきます。親分と子分がいて、色っぽい芸者も出てきたり。それをすべて一人で演じるわけです。そうした人物たちになりきるためには、今まで見て、会ってきた人たちを一人一人思い出しては、頭の中で声のキャスティングをしていきます。

この役は誰の声でやるか？　たとえば、いい男が匕首を持って啖呵を切っていたら、高倉健の感じでいこうとか、ペーソスのある役だったら、『海峡』（※46）の森繁久彌のイメージかなとか。色っぽい芸者の声をやるときには夏目雅子を思い浮かべたり、緒形拳や山崎努をイメージしたり、滝沢修風に「そんなことはないよ、キミー」と言ったりもします。そのために、映画を見たり、芝居を見たりするときは、役者たちの演技に日頃から目を凝らしています。

見るのは、役者たちの演技だけではありません。私は電車に乗ったときも、常に人を見ています。怒鳴り散らしているおじさんなんかがいたりしたら、これはもう「ご馳走さま」ですよ（笑）。家に帰ってから、そのおじさんの言葉遣いを思い出して真似するのです。

永井荷風の『あじさい』（※47）では、私は荷風自身に会ったこともなければ、声もわからず、想像をしました。そこで私の自宅近くでよく散歩しているある人の姿を思い出しながら、ゆったりとした言葉遣いに違いないと決めていきました。

これは私だけの話じゃなくて、声優はみんな、よく周りを観察しています。アニメ『クレヨンしんちゃん』（※48）でしんちゃんを演じた矢島晶子さんも、あの独特なしゃべり方は、電車の中で耳にした小学生の会話がヒントになって生まれたと聞きます。

山寺宏一さんもドナルドダックの声をどうしたら出せるか考えて、アヒルをじーっと観察したそうです。もう、人ですらないですね。アヒルには声帯がない。では、どこから声を出しているのか？　頬っぺただ！　と発見。頬っぺたを膨らませながらアイウエオと発声する技術を自分で生み出し、それを街を歩きながら練習して習得したのです。

『あらいぐまラスカル』（※49）でラスカルを演じた野沢雅子さんもそう。どう表現するか悩んだ末、動物園に毎日のように足を運び、アライグマをずっと観察していたとか。でも、アライグマは声を発しない。いつかは何か声を出すだろうと辛抱強く待っていても、一向に鳴かない。ついに痺れを切らし、「もう諦めよう」と立ち上がった時、ちょうど閉園の時間を知らせる放送が流れて、アライグマが突然「クワッーー」と鳴いたそうです。それを聞いて「この声をベースにしよう」と決めたと聞きました。

こんなふうにヒントはあちこちにあると思うと、毎日ぼーっとしている暇はありません。いいしゃべり方だな、と思う人がいれば、マネしてみる。

声の仕事をしていなくても、周りに目を光らせて、心に響くものを探す、ということは、飽きないし楽しいことだと思いますよ。観感興起《かんかんこうき》する心、感動して奮い立つ心は、いつまでも忘れずにいたいものです。

尽きない好奇心と知性に裏付けられた生き方

音響監督　伊達康将

だてやすまさ●1973年東北新社入社。長年音響監督として日本語吹き替え版を数多く演出し、TV洋画劇場の黄金時代を支えてきた。羽佐間さん出演作の演出担当作品は『ロッキー』のほか『俺がハマーだ！』『ピンク・パンサー』など多数。

羽佐間さんとの関係は？

『ロッキー』シリーズをはじめとする数々の吹き替え作品を担当したディレクターの伊達です。ほぼ50年のお付き合いになります。

羽佐間さんの面白さに厳しいエピソード

面白さに厳しい羽佐間さんには僕の直す台本がなかなか納得してもらえず、次の回からは何通りも代案を用意するようになりました。

つまりは新人の僕を試していたということだったんでしょう。とても感謝しています。

羽佐間さんはなぜ長寿だと思いますか？

長寿の秘訣は、尽きない好奇心と知性に裏付けられた、品のいい生き方にあると思っています。見習わせていただきたいものですが、できるかな？

『ロッキー』の吹き替えを初めてやったのはまだ血気盛んな頃で、伊達さんとは作品を巡ってケンカもしましたね。私が台本にウンと言わないと「これはどうですか？」といくつも案を出してきました。コメディもたくさん一緒にやって、私がアドリブで脱線すると一瞬怒ったような顔をしながら、裏に行って笑ってたりしていて(笑)。最近はなかなかお呼びがかからなくて、「ギャラが高いので」と言われてしまいますけど。ツーカーで家族のような人です。

過去より未来に目を向けているからこそ現役

漫画家　とり・みき

とり・みき●1979年『少年チャンピオン』でデビュー。94、98年に星雲賞、95年『遠くへいきたい』で文春漫画賞受賞。2023年、10年に及ぶヤマザキマリとの合作『プリニウス』が完結。吹き替えにも造詣が深く著書に『とり・みきの映画吹替王』など。

羽佐間さんとの関係は？

まず視聴者としてファンです。物心ついた頃の『コンバット！』以来、ずっと楽しませてもらっています。直接お目にかかったのは吹き替え関係の取材を始めた頃で、もちろんお仕事ですからこちらも公私混同のないように一期一会のつもりでお話をうかがうのですが、羽佐間さんは最初からフレンドリーかつフランクにお話しくださり、その後こちらにも何かとお目をかけていただき、いつも感謝感激恐縮至極という状態です。

羽佐間さんの達人エピソード

（これは山寺宏一さんも指摘されていたかと思いますが）狙って考えてきたギャグでなく、

前でも後でも一瞬のすき間を見つけるやいなや「こんちわ」などと捨てゼリフ的だけど自然なアドリブワードを瞬間的に入れ込む達人ですね。森繁久彌に通ずるおかしさがある。それはインタビューや日常会話でも発揮されるのですが、挟み込まれるネタが古い映画や落語や古典芸能にも通じてないと拾えないので、いつも試されているようでドキドキです。

羽佐間さんはなぜ長寿だと思いますか？

実は羽佐間さん、インタビュー対象作品や収録時のことについては毎回ほとんど憶えておられません！（お仕事の数が数だから無理もありませんが）

ところが、こちらもまだよく把握していないような新人声優の名前をひょいと出して「あの工夫はすごいね」とか、新企画の話が出てきたりする。過去の自分のお仕事より常に業界全体の未来に目を向けておられるのがわかります。それこそがご長寿かつ今なお現役バリバリの秘訣だと思います。

作品のことを覚えてなくて、すいません（笑）。とり・みきさんは漫画家さんなので、そこまでアテレコに興味はないのかと思ったら、すごく勉強されていて。何度取材を受けても、前と同じことは聞かれないから新鮮でした。それまで大平透とか真面目な声優にインタビューしていたから、いきなり私のようなくだけたヤツが来て、ビックリしたんじゃないかな。

column

声優界の達人たち

「まえがき」（2ページ）で紹介しきれなかった、私と同世代で鬼籍に入った声優界の達人をご紹介。

ミッドナイトの王者『ジェット・ストリーム』の城 達也
『演歌の花道』の名ナレーションで男心をつかんだ来宮良子
「奥様は魔女だったのです」で深く印象を残した中村正
『ローハイド』「行くぞーシュッパーツ」で元気いっぱい小林修
『はじめてのおつかい』で不動の人気ナレーター 近石真介
『スーパーマン』スーパーマンから我らの元祖 大平透

『ヒッチコック劇場』その個性こそが名優だった熊倉一雄
『刑事コロンボ』日本語が魅力だと人気を集めた小池朝雄
『お熱いのがお好き』おかしな二枚目野郎の広川太一郎
『刑事コジャック』で渋さの最高峰と言われた森山周一郎
『コンバット！』等のいぶし銀の演技が秀逸だった田中信夫
『狼よさらば』ブロンソンもネズミも何でも来いの大塚周夫
『荒野の用心棒』素顔も用心棒らしく危なそうな小林清志
『拳銃無宿』マックイーンの吹き替えが未だ大人気の宮部昭夫
『ヤッターマン』ほか個性的な語り口で大暴れの滝口順平
シナトラはこの人の声と視聴者を引きつけた家弓家正
顔。声は大悪人、性格は大善人内海賢二
番外ですが声優としても大活躍した愛川欣也、藤岡琢也などなど……（順

column

不同敬称略)。天国ではすごいキャスティングができますね。

特に内海賢ちゃんとは、『ロッキー』で親友のアポロ役、『俺がハマーだ!』ではトランク警察署長役、『ピンクパンサー』ではクルーゾーの変な上司役などなど、番組でも長い付き合いでした。私と同じ九州の出身で、いわば同郷人。これからも良きコンビを組んで作品を生み出せると思っていましたが、病院で臨終に10分の差で間に合わず、鬼籍へと去っていきました。おそらく私がそちらへ行ったとき、いちばん最初に会う人だと、勝手に思っています。

城 達也(じょうたつや)1931年12月13日-1995年2月25日。深夜ラジオ『JET STREAM』の初代パーソナリティを27年以上担当。グレゴリー・ペックの吹き替えなども。

来宮良子(きのみやりょうこ)1931年7月10日-2013年11月25日。『火曜サスペンス劇場』、『スケバン刑事』シリーズ、『ヤヌスの鏡』ほか大映ドラマのナレーションで知られる。

中村正(なかむらただし)1929年12月24日-2019年11月11日。『奥さまは魔女』のナレーションや『チャーリーズ・エンジェル』のチャーリー役、デヴィッド・ニーヴンやレスリー・ニールセンらの吹き替えを手掛けた。

小林 修(こばやしおさむ)1934年11月22日-2011年6月28日。西部劇『ローハイド』ギル・フェイバー役、アニメ『黄金バット』の黄金バット役や『さらば宇宙戦艦ヤマト 愛の戦士たち』のズォーダー大帝役など。

近石真介（ちかいししんすけ）1931年1月20日－2022年10月5日。アニメ『サザエさん』のフグ田マスオ役（初代）や『はじめてのおつかい』のナレーションなどを担当。

大平透（おおひらとおる）1929年9月24日－2016年4月12日。アニメ『ハクション大魔王』、『笑ゥせぇるすまん』などで主演。『秘密戦隊ゴレンジャー』などスーパー戦隊シリーズのナレーションも担当。

熊倉一雄（くまくらかずお）1927年1月30日－2015年10月12日。アルフレッド・ヒッチコック、ドラマ『名探偵ポワロ』のポワロ役の吹き替え、人形劇『ひょっこりひょうたん島』の海賊トラヒゲ役で知られる。アニメ『ゲゲゲの鬼太郎』の主題歌も担当。

小池朝雄（こいけあさお）1931年3月18日－1985年3月23日。ドラマ『刑事コロンボ』のコロンボ役などピーター・フォーク、ジーン・ハックマンの吹き替えで知られる。

広川太一郎（ひろかわたいちろう）1939年2月15日－2008年3月3日。『Mr.BOO!』シリーズなどのマイケル・ホイ、『007』シリーズなどのロジャー・ムーアの吹き替えで知られる。

森山周一郎（もりやましゅういちろう）1934年7月26日－2021年2月8日。渋い声質でジャン・ギャバン、チャールズ・ブロンソン、『刑事コジャック』ほかテリー・サバラスなどを吹き替え。スタジオジブリのアニメ『紅の豚』に主演。

田中信夫（たなかのぶお）1935年8月1日－2018年10月17日。シドニー・ポワチエ、バート・レイノルズ、ヴィック・モローの吹き替え、『川口浩探検隊』シリーズや『TVチャンピオン』のナレーションを担当。

大塚周夫（おおつかちかお）1929年7月5日－2015年1月15日。リチャード・ウィドマークやチャールズ・ブロンソンの吹き替え、アニメ『ゲゲゲの鬼太郎』のねずみ男役や『美味しんぼ』の海原雄山役で知られる。

小林清志（こばやしきよし）1933年1月11日－2022年7月30日。アニメ『ルパン三世』シリーズの次元大介役、『妖怪人間ベム』のベム役、ジェームズ・コバーン、トミー・リー・ジョーンズの吹き替えで知られる。

宮部昭夫（みやべあきお）1931年2月26日－2006年6月17日。スティーブ・マックイーン、カーク・ダグラスの吹き替えで知られる。

滝口順平（たきぐちじゅんぺい）1931年4月17日－2011年8月29日。アニメ『ヤッターマン』でドクロベエ役、『マジンガーZ』でブロッケン伯爵役。『ぶらり途中下車の旅』のナレーションを19年続けた。

家弓家正（かゆみいえまさ）1933年10月31日－2014年9月30日。フランク・シナトラ、ドナルド・サザーランドの吹き替えで知られる。アニメ映画『風の谷のナウシカ』でクロトワ役。

内海賢二（うつみけんじ）1937年8月26日－2013年6月13日。アニメ『魔法使いサリー』パパ、『Dr.スランプ アラレちゃん』則巻千兵衛、『北斗の拳』ラオウ役。スティーブ・マックィーンの吹き替えでも知られる。

愛川欣也（あいかわきんや）1934年6月25日－2015年4月15日。『11PM』、『なるほど！ザ・ワールド』、『出没！アド街ック天国』で司会。俳優として映画『トラック野郎』シリーズに出演。声優としてジャック・レモンの吹き替え。

藤岡琢也（ふじおかたくや）1930年9月4日－2006年10月20日。ドラマ『いろはの〝い〟』、『おやじのヒゲ』シリーズ、『渡る世間は鬼ばかり』シリーズに出演。『サッポロ一番みそラーメン』CMに35年に渡り出演を続けた。

羽佐間流

長寿で現役メモ④

・目の前にやってきた仕事に夢中で取り組むことが次の仕事へと結びつく

102ページ

・どんな経験も自分の幅を広げ、栄養になる

107ページ

・周りに目を光らせて心が動くものを探す。感動する心を忘れない

111ページ

声を楽しむ

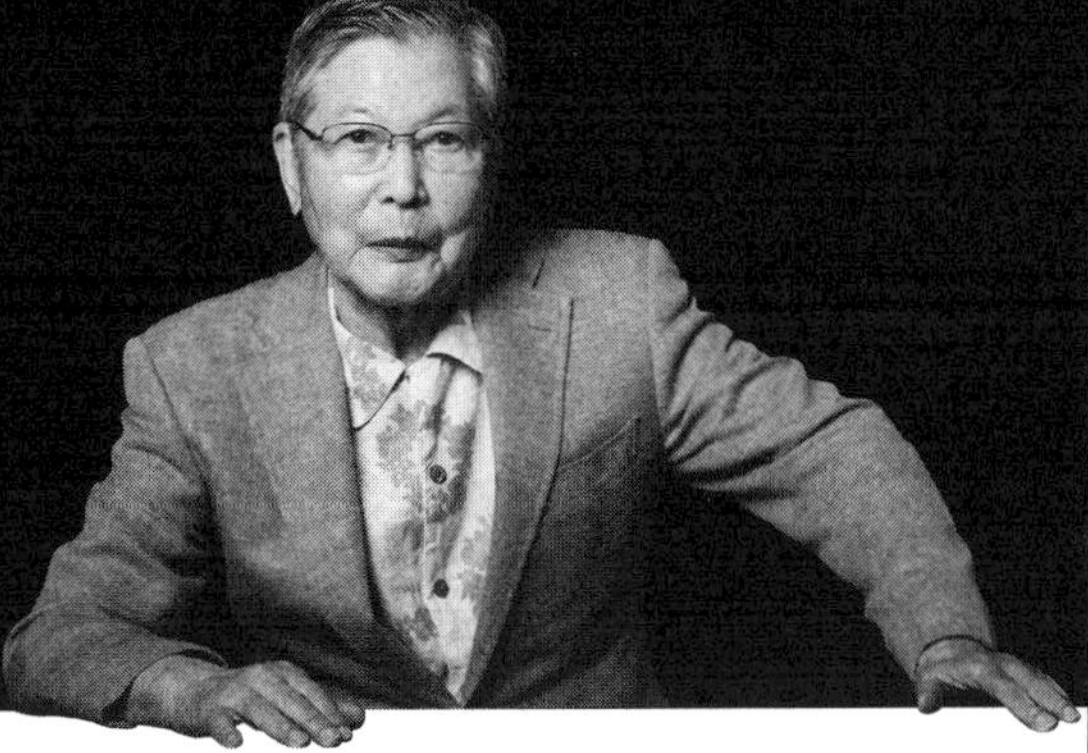

呵々大笑 ―― いつもユーモアを

仕事をするうえで大事なものは「ユーモア」だと思っています。みんなが笑って楽しく仕事ができるように、何かあればちょっとした冗談を言う。ユーモアでかき回していないと、自分が照れてしまうというのもあるんですけどね。

『ｎｅｗｓ ｅｖｅｒｙ.』の特集のナレーションでも、よくアドリブを入れていますす。収録の最後のほうになると、現場のみんなも疲れているので、ワッと大笑いできる雰囲気を作りたくなるんです。そういうものの原点は、落語の寄席のアルバイトをしていた時に身に着いた気がしますね。瞬間芸で自然に出てくるんです。

声優の世界は、昔はそんな人ばかりでした。テープを途中で切って編集できなかった時代は、間違えたら最初からやり直さないといけないから笑っちゃうと大変。でも、わざと本番でアドリブで面白いことを言ってくる先輩ばかりだったんですよ。動物の物まねだったり、ギャグだったり……。みんな笑いをこらえるのに七転八倒でした（笑）。

現場に入ってくるだけでおかしいという先輩もたくさんいました。鼻づまりでハガハガしながら「ほっはよ（おはよう）」なんて声を出して。「もうちょっと真面目に言えませんか？」「これが真面目なの！」なんてやり取りをしていたものです。

コメディ刑事ドラマの『俺がハマーだ！』なんて、好き勝手にアドリブをやりすぎて、スタッフとケンカになったこともありましたね。

仕事の現場は黙って真面目にやりたいという人もいますから、そういう人には、私がふざけて、失礼な態度を取っているように見えるかもしれません。時にはイヤな顔をして「そんなことをしないでください」と言われて、雰囲気が壊れてしまうこともある。みんなもシュンと黙ってしまう。でもそうなると、あまり仕事も良い方向に向かわない気がします。


私が仕切ることができる現場では、みんな呵々大笑《かかたいしょう》で笑いが絶えません。私はそれでいいと思うんです。若い人たちも「羽佐間さんと仕事をしたい」と参加してくれるのは、そんな雰囲気のおかげもあるかもしれない。

笑っていると体もリラックスできて、結果的に良い仕事ができます。それに、笑いがストレス解消になって健康にいい、というのは医学的にも証明されています。仕事もうまくいって、健康にもなれて、一石二鳥ですね。

丁々発止
怒りを昇華する

「ストレスで寿命が縮む」というデータもあるようですが、私も普段はあまり腹を立てることはありません。ケンカをしてもたいてい、負けるので（笑）。というか、本質的なところで言えば、相手のことを考えすぎてしまうのかもしれません。

ある同年代の役者で、私に会うたびに「お前は役者じゃない」と言ってくる男がいました。役者に対して「役者じゃない」なんて、考えたらなかなかひどい言葉です。そこで「何を！」と言い返せばケンカになっていたはずですが、私は「そうだよな。俺もときどき、自分は役者ではないと思うんだよな」と答えるものだから、相手もそれ以上、言いようがなくなります。
昔、愛川欽也さんに「この世界、『ロクな役者じゃないくせに』とか吹っ掛けてくるやつが多いから、ケンカには強くないとダメ」と言われました。でも「俺は弱いから」となると、向こうも上げた拳を振りにくくなる。だから、なかなかケンカにならない。受け流すというより、本当に「俺はダメだな」と思っているんです。

私に「役者じゃない」と言い続けた相手は息子も役者で、息子にその話をしたら「父は羽佐間さんのことが好きなんです。そういうことを言うのは、その裏返しなんです」と。「ああ、そうか。そうなのかもしれない。だったら一度、じっくり話してみたいな」と思っているうちに、亡くなってしまいました。

この年になっても、怒りや憤りという気持ちがポッと出ることはあります。

だけど、いがみ合っても何も生まれないんですよね。何かそういう感情が生まれそうになると、こちらに相手を怒らせる要素もあるんじゃないかと、自分の中身を振り返る。そうしているうちに、怒りの気持ちが昇華されていったりします。夫婦ゲンカもそうかもしれません（笑）。

と、そんな話の後ですが、まったく言い争いをしないわけではありません。つい先日、ラジオ『わたしの図書室』の現場でプロデューサーと大ゲンカになりました（笑）。

朗読する文学作品が長くて、とても30分の尺に入らない。家で読んでみて、自分でかなり削っていったんです。そしたら、収録間際になって「切りすぎです！　作家に対する冒とく！」なんて言われて。元文学少女なので、文学作品に対する思いが強いんですよね。

「だったら尺に収まるように持ってこい！」

「3週間前に台本を渡して『どうですか?』と聞いたじゃないですか!」

これから録音するという時に、そんなことを大声で言い合っていたものだから、フロアの制作局の人たちが総立ちになっていました（笑）。

普通、俳優とプロデューサーが口角泡を飛ばして議論なんて、相当なことがないとしません。でも、長い付き合いになるそのプロデューサーはいつも本気で物を言うし、時に本気で怒るんです。


こんな丁々発止《ちょうちょうはっし》のケンカをするのは、お互い作品を大切にしようという姿勢があるから。それぞれの理想の形が違うと、ちゃぶ台返しが始まりますけど（笑）、「作品を良くしたい」という根底の想いは共通しているんです。

お互い真剣で、信頼関係がないと、ここまでの言い合いはできない。こんなケンカにかぎっては、脳の活性化につながるかもしれません（笑）。

追根究底

楽しんで追求する

声優は役者の一種ですが、舞台俳優とは大きく違うところがあります。私は声優を「塗り絵師」と言っていますが、姿・形が出来上がっているところに、色を付けていく仕事なのです。

外国映画の吹き替えでは、画面の中で自分でない俳優がすでに芝居をしています。アニメでも、絵が芝居をしているところに声を当てていくところは同じ。吹き替えでは元の俳優の言葉も聞こえてきますし、音楽もSEも耳に入ってくる。状況に合わせて音楽が流れることで、感情が高まって涙が出たりもする。音にも随分芝居を助けられます。

昔はそんな声優のことを見下して「人の芝居に声を当てるなんて」「魂も何もない世界」のように言う人もたくさんいました。ですが、だんだん魂が入ってきて、今はご覧のとおり。世界に誇る一大文化になり、声優を目指す若い人も大勢います。

テレビ創成期に外国映画の吹き替えを始めた頃と比べると、声優業界は大きく変わりました。こんなことになるなんて、若い頃には本当に想像もしていませんでした。

声の仕事をやっていると、少々年齢を重ねて顔にシワが出てきても、声はなかなか老けないから、いつまでも若い役がやれるのは利点だなと思います。10歳の子供の役もできる。高校生役もやれる。動物にだって、妖怪にだって化けられる。

シルヴェスター・スタローンやロバート・デ・ニーロのように、自分には顔も体格も似つかない、外国人になることもできるし、それこそ、ラジオドラマでのエピソードのように塀や椅子になることだってあります。人種や年齢、性別を超えて、何にでも化けられます。

TVアニメの『赤毛のアン』（※50）でナレーションをやった時は、後年スタジオジブリに参加する高畑勲さんが監督で「子供のお母さんに語るようにやってくれないか？」と言われました。いまだに「あれが好きだった」と言ってもらうこともあります。

「私の夫と同じ声の羽佐間さんへ」というファンレターをもらったこともあります。「夫は5年前に亡くなりました。今はあなたの放送があるたびに、孫に作ってもらったスピーカーで仏壇から声が聞こえてくるようにして、拝んでいるのです」とのこと。30年くらい前でしたが、私にとっていちばん印象深いお手紙でした。

最近の『わたしの図書室』では「涙がボロボロ出て止まらなかった」というお手紙をいただきました。宮沢賢治の「雨ニモマケズ」(※51)を朗読した回のことです。

あの詩はセンチメンタルに読まれがちですが、私は1行1行、精いっぱい大きい声を出して、聴く人に訴えかけて心に突き刺すように読んでいきました。そして間があって、最後の「そういう者に私はなりたい」はもう雄叫び。すべてはその一言のための前哨戦でした。

「こんな読み方をする人がいるんですか?」と、すごい反響を頂きました。やはり、自分の声が届いたなと思うときはやりがいを感じますね。

何にでも化けられる。声で人に感動を与えることができる。そんな楽しい仕事をしているから、老け込んでなんかいられない、というのはあるかもしれません。毎日取り組んでいる仕事に楽しさを見出すことも、長寿の秘訣とも言えるでしょうか。
ただ、私は声優になって舞台はやめてしまいましたけど、続けていたらもっと良い役者になれていたかなと思う時もあります。「塗り絵師」とは違う舞台演劇も続けて、役者として自分を磨いていたら、もうちょっと前に進めていたかもしれない。また一歩深い声を出すことができたかもしれない。ロマンチシズムとして、そんな想いは持っていますね。

浄瑠璃の人間国宝の名人が、引き際に「一生では足りない、もう一生くだされ」と言ったそうです。「追根究底《ついこんきゅうてい》」は事の本質を突き詰めて究明すること。日々の仕事を工夫して楽しむとともに、自分はもっとやれるのではないか、もう一回生まれ変わってでも、突き抜けてやりたいというような、追求する思いも持っていたいと思います。

録り下ろし朗読

雨ニモマケズ

宮沢賢治

雨ニモマケズ
風ニモマケズ
雪ニモ夏ノ暑サニモマケヌ
丈夫ナカラダヲモチ
慾《ヨク》ハナク
決シテ瞋《イカ》ラズ
イツモシヅカニワラッテヰル

一日ニ玄米四合ト
味噌ト少シノ野菜ヲタベ
アラユルコトヲ
ジブンヲカンジョウニ入レズニ
ヨクミキキシワカリ
ソシテワスレズ
野原ノ松ノ林ノ蔭《カゲ》ノ

小サナ萱《カヤ》ブキノ小屋ニヰテ
東ニ病気ノコドモアレバ
行ッテ看病シテヤリ
西ニツカレタ母アレバ
行ッテソノ稲ノ束《タバ》ヲ負ヒ
南ニ死ニサウナ人アレバ
行ッテコハガラナクテモイヽトイヒ
北ニケンクヮヤソショウガアレバ
ツマラナイカラヤメロトイヒ
ヒドリノトキハナミダヲナガシ
サムサノナツハオロオロアルキ

ミンナニデクノボートヨバレ
ホメラレモセズ
クニモサレズ
サウイフモノニ
ワタシハナリタイ

音声提供：ラジオ日本

「きゅうべえ」に連れて行ってもらえるはずが……

声優
堀内賢雄

ほりうちけんゆう●ケンユウオフィス所属。海外ドラマ『フルハウス』ジェシー、『ビバリーヒルズ青春白書』スティーブ、『ザ・ルーキー』ジョン・ノーラン、映画『ワンダーウーマン 1984』マックス、TV『ポケットモンスター』ナレーションほか

羽佐間さんとの関係は?

羽佐間さんとは、仕事上の先輩後輩という関係ですが、食事に連れて行っていただいたりと、公私ともどもお世話になっております。

日本俳優連合のイベントで何年か仕切りを任された際に、ご褒美に高級寿司店の「きゅうべえ（銀座久兵衛）」に連れて行ってくれると羽佐間さんが約束をしてくれました。その後たまたま恵比寿で吹き替えの仕事が一緒になった時に、連れて行ってあげると言われ着いた所が恵比寿駅前の「はちべえ」という寿司屋でした。ランチを食べながら「数は一個減ったけど約束は果たしたぞ」とおっしゃっていました。

羽佐間さんはなぜ長寿だと思いますか？

羽佐間さんが90歳……。66歳の私はまだまだこれからだなとしみじみ思います。どんな場でも和ませる空気感、嫌なことは嫌だと言える使命感、人の悪口を言わない正義感、見た目の清潔感、必ず話にオチをつける座布団10枚感……すべてにおいて長寿の秘訣だと感じています。90歳は通過点、長寿世界新記録を目指してください。おめでとうございます。

羽佐間さんへの質問

常々、羽佐間さんに聞いてみたいと思っていました。①今までの人生でたくさんの役者と会っていると思いますが、良い役者に共通するものは何でしょうか。②羽佐間さんのお言葉でよく耳にする「役者の間」、どのように磨けばいいでしょうか。③昔から羽佐間さんは長く生きるなら豆腐ばかり食べてろと私におっしゃいますが、今でも羽佐間さんの主食は豆腐でしょうか。

「はちべえ」はたまたま見つけたんですけど、「ろくべえ」や「ごべえ」も探しています(笑)。質問に答えると①人の言うことを理解して相手役の面白さを発見できること。②上に「羽」と「佐」を付ければ良い「間」ができます。③今も豆腐ばかりで、近くでなく“遠ふ”に買いに行きます。

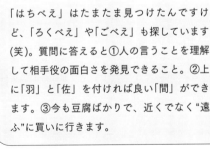

尊敬と憧れと……私にとってまさに神です

声優 大塚芳忠

おおつかほうちゅう●クレイジーボックス所属。主な出演作はTV『NARUTO』自来也、『鬼滅の刃』鱗滝左近次、『転生したらスライムだった件』ハクロウ、『ゴールデンカムイ』鶴見中尉、『真相報道バンキシャ！』ナレーションほか。

羽佐間さんとの関係は？

もう40年以上お付き合いさせていただいております。長い間に私のほうから恐る恐る懐いていって、お近づきになれたという感じです。

食事やお酒にお共させていただき、ゴルフなどにもお付き合いいただきました。カラオケの大宴会にも呼んでくださって、羽佐間さんのとろけるようなシャンソンの歌声に酔いしれた夜も幾たびか。

羽佐間さんはなぜ長寿だと思いますか？

まず一番は好奇心が旺盛なこと。何にでも興味を持ち、珍しいものにすぐに飛びつく行動力。さらに思いついたことを大きな企画にまで発展させようとする情熱。退屈とか物事に飽きるということは皆無のように見えます。よく食べよく飲み、よくしゃべる。とにかくしゃべる。茶目っ気に富んでいて人を喜ばせることが大好き。

羽佐間さんにとって普通のことなのかもしれませんが、それらすべてが長寿につながっているのではと思います。

羽佐間さんへのメッセージ

羽佐間さん、90歳おめでとうございます。大先輩は、私など凡人には到底辿り着けない夢の境地に達せられました。敬意と尊敬と憧れと、そのほかどんなに言葉を尽くしても足りないほど。私にとってまさに神です。羽佐間さんと同じ世界に身を置けること、間近で羽佐間さんの芸に触れられること。無尽蔵に湧き出るかのようなユーモアあふれる小話で大笑いさせてもらえること。こんな幸せがまだまだこの先続くのかと思うとうれしくてなりません。羽佐間さんはこれまでも、これからも青春真っ盛りだ。

芳忠は歌がうまいんですよね。みんなで飲むと必ずカラオケバーに行きます。私が歌うのはでたらめなシャンソンで、ゴルフの腕も段違い。技術が全然上です。芳忠はいい声をしているうえに、それを崩すこともできる。これからさらにすごい芝居をするだろうなと思っています。

常に新しいことを考え人生を楽しんでいる

声優 古谷 徹

ふるやとおる●青二プロダクション所属。主な出演作はTV『巨人の星』星飛雄馬、『機動戦士ガンダム』アムロ・レイ、『聖闘士星矢』ペガサス星矢、『美少女戦士セーラームーン』地場衛、『名探偵コナン』安室透、『クローズアップ現代＋』ナレーションほか。

羽佐間さんとの関係は？

いちばん古い共演の記憶はもう54年前、『巨人の星』で星飛雄馬が巨人軍の入団テストを受けた回、ライバルとなる俊足の速水譲次役で羽佐間さんが出演された時です。高校三年で『巨人の星』が終わるとともに僕は劇団ひまわりを退団し、大学時代に入れてもらったのが、羽佐間さんが理事をされていた俳協でした。そして1977年、声優仲間で結成したバンドSLAPSTICKをエグゼクティブプロデューサーとしてメジャーデビューさせてくださったのも羽佐間さん。およそ10年間、全力でサポートしてくださいました。バンドの音楽性や方向性に関して反発することもありましたが、すべてはメンバーをメジャーにしてあげたいという親心だったのだと今では心から感謝しております。

羽佐間さんのいたずらエピソード

たまたまご近所に住むことになった12年前の4月1日の朝「水道局の者でしが、午後から今日いっぱいそつらの地域が断水となりましゅので準備をお願いすます」という東北なまりの人から電話があり、慌ててバケツなどに水を貯めて備えていましたが、一向に水道が止まる気配がありません。不思議に思っていたところ、「水道局の羽佐間ですが……」と電話が!! その後も数年、巧みな嘘に引っかかってしまいました。

羽佐間さんはなぜ長寿だと思いますか?

コロナ前は年に数回ご自宅に招いていただき、奥様のおいしい手料理と極上のワインを御馳走になりました。話が実に面白くて終始笑わされるのです。抜群の記憶力と絶妙な表現力、好奇心が旺盛で常に人が喜ぶ新しいアイディアを考え、実現のための苦労を惜しまない。そして、何より人生を精いっぱい楽しんでいらっしゃる。きっとそれが長寿の秘訣なのでしょう。

東北なまりは得意なんです（笑）。電話のいたずらは自分が児玉清さんに散々されたのが原点で、近所に越してきた古谷さんに仕掛けました。だけど古谷さんは真面目で、本気で怒っちゃう。でもうちに遊びに来た時「アムロ、行きまーす」とマッサージチェアに飛び込んで。ユーモアもあるんだと思いました（笑）。

羽佐間流

長寿で現役メモ⑤

・ユーモアを忘れず、みんなが笑って楽しく仕事ができる環境作りを
≫ 122ページ

・怒りが生まれそうになったら自分を振り返る。信頼する相手と時には本気でケンカする
≫ 127ページ

・毎日取り組んでいる仕事に楽しさを見出す
≫ 133ページ

・自分はもっとできるのではないか、突き抜けてやりたいと、追求する思いを持ち続ける
≫ 134ページ

第7章

声を伝える

孤掌不鳴

――力を合わせる

私が今好きな四字熟語は「孤掌不鳴《こしょうふめい》」。これは、私が日本テレビの『ズームイン!!朝！』（※52）の中で「朝の詩」（※53）のプロデューサーをしていた頃、博報堂の管理職、菅家文雄さんに教えてもらった熟語です。「一つの手では、音を鳴らすことはできない」ということから「一人の力だけでは何も成し遂げられない」という意味。これは、疎開生活でSくんと出会い、みんなで力を合わせてボス猿〇に対抗したことにもつながる思いのような気がしています。力を合わせるからこそ、最大限のものが引き出される……。

私の仕事で言うと、演者だけでなく、大道具でも照明でも、創造に携わる人たちは全員、すごい。それぞれがどこかで何かを支えているんです。アテレコでも、主人公を演じて名前が最初に出てくる人がいちばん偉いのでなく、「みんなの力で作品ができた」と感じられないと、その作品は成功しないと考えています。

劇団四季の浅利慶太さんは、公演のポスターに、誰が何の役を演じるのか載せませんでした。俳優の名前が出るのはパンフレットだけ。だから、石坂浩二さん、鹿賀丈史さん、石丸幹二さんらも、劇団を出てから世に名前が知れ渡りました。

主役も端役も、一つの作品という塀を作る煉瓦のひとつ。芝居を観るなら、一人の俳優を目当てにする必要はない。芝居全体のアンサンブルを見てほしいというのが、浅利さんの理念だったように思います。

その考えには私も大賛成。『声優口演』でも、お客さんを呼べる、名前のある人に出てほしい、というのはあります。ですがそれ以上に、全体でアンサンブルが取れている芝居になることを、第一に考えます。「この人が売れているから、この人は外して」みたいなことは一度もしていません。役者もスタッフも、誰一人欠けても成り立たないと思ってみんなに接しています。

集団の調和が大事というのは、会社でも同じではないでしょうか。

新入社員でもベテランでも、知らないことがあれば教えてあげればいいし、ハンディキャップを付けるようなことはしないほうがいいですよね。

そして、末端の人をこそ大事にしたい。

ナレーションの現場でも、しょっちゅう上の人に怒られているような、末端のディレクターがいちばん大変なんです。そういう人こそ私は大切にします。

声だけ録って「はい、さようなら」ということはできますが、そうではなく、若い人たちをほぐしてあげたくて「○○くん、ご飯食べた？　最近どう？」と声をかけたくなる。

そういう何でもない声かけによって、アンサンブルが実にうまくいくこともあります。

90歳を前にして思うのは、人生には必ず低きも高きもあるということ。その中で、どんな時も低き事を考えないといけない。高きにあって、自分を見失ってはダメだと思います。

優秀な人に、ずっと蝶よ花よで来た人はあまりいません。だから、苦しんでいる若い人のほうに目が行きます。芝居でも、自暴自棄になって「冗談じゃねえよ、馬鹿野郎！」と叫び続けているような人が好きです。辛酸をなめた人の美しさ、面白さがある。そういう人たちから自分も力をもらっています。

後生可畏——若い人から学ぶ

90歳ともなると、現場のプロデューサーもディレクターもみんな年下。普通だと、あまり年上の相手には「ここをこうしてください」「ああしてくださ い」などと言いにくいそうですけど、「羽佐間さんはそういうことを言える隙がある」と言われます。そして「言ったら必ず応えてくれる」と。

事務所の人間に言わせると「相手と呼吸を合わせているように見える。何を言ってもいったん受け入れる」と。たしかに、相手の話が自分の考えと違っても、最初から否定しないということは心掛けています。いったん咀嚼して考えてみる。そのうえで、反論があれば言うようにしています。そうすると、相手の意見も入ってきて、頭が柔軟になるような気がするんです。

芸能界で生き抜いている女性は自己主張が強い人が多いようですが、朴璐美さんは「羽佐間さんといると穏やかな気持ちになれる」と言ってくれました。

そういうふうに若い人に言ってもらえるのは、私が「後生可畏《こうせいかい》」という気持ちをもっているからかもしれません。「後生」は自分より後に生まれた人のこと。「可畏」は「畏《おそ》る可《べ》し」と読み下し、若い人を侮ってはならず、むしろおそれ敬うべきであるということです。

私は圓生や志ん生と話したこともありますし、広沢虎造の浪曲や藤山寛美（※54）の喜劇など、名人芸から盗んだものもあります。それは私の計り知れない財産ですが、すべて過去のもの。情報量は限られています。これから芝居をするための情報は未来永劫、尽きないほどあるわけです。

若い人とたくさん話して、若い人に注視していなければ、これからは現代を生きられないと思っています。年を取れば取っただけ、若い人からどんどん盗んでいかなくては、進化はないですよね。「近頃の若いやつは」なんて言っていたら、相手も話してくれなくなるでしょうし、文化を止めてしまいます。

山寺宏一さんは私のことを師匠と言ってくれているようですが、私のほうが山寺さんを師匠だと思うときがあります。こんな芸はできないな、と思うこともありますが、いつかそれも盗んでやろうと思っていて（笑）。

もっと若いところだと、武内駿輔さん。モノマネも達者ですが、ものすごく訓練をしているように感じます。ただのマネとも違うんですよね。音楽に例えれば、ただ譜面をなぞって読むだけでなく、その譜面を使って一歩進んだ何か、芸にしようとしている。そういう勉強の仕方もあるんですね。

今の若い声優さんたちはみんな、アニメのキャラクターを真似るのは得意中の得意。木村昴さんなんかは、観てきたほとんどのキャラクターを、情報として自分の中に取り込んでいるんじゃないかな。彼は本当に天才だと思います。そういう若い人たちから英気をもらっていますね。

若いと言えば、最近若い人とかかわる新しいことを始めました。小学校の子供たちに紙芝居を読むボランティアです。

語り部のおじさんというのは、なかなかいないのだそうです。女性が多いみたいですね。子供たちの学年に合わせて本を選んで、自由に読ませてもらっています。

「そこへタヌキのオヤジが【ドーン!】と出てきて」なんて、擬音の部分は声を張って読んだりして、子供が驚いたらアドリブを入れて「驚いた? そうだろう。これからもっと怖くなるぞ〜」みたいにコミュニケーションを取って。

「饅頭がゴロッと落っこちて……。おっ、そこの下に行った!」と子供たちの足元を指したり、「雪がこんこんと降ってきて」と言いながら、わざと物をバサッと落としてビックリさせたり、飽きさせないように工夫する。相手は子供ですからもう反応が素直で、面白い。子供たちから学べることもきっとある気がします。

完全なボランティアですけど、この先も紙芝居はありだなと考えています。自分も楽しめますし、こんなにも若い世代と接して、話すこともできるなんて最高ですね。

どんどん若い人から学んでやろうと思っています。

小学校のボランティアで紙芝居を熱演。
子供たちからも学ぶ気持ちで接している

過去の武勇伝ではなく今もメラメラと激っている

音響監督 三間雅文

みまさふみ●音響監督。1988年にOVA『炎のティーチャー・マドンナ』で音響監督デビュー。主な音響監督作品に『ポケットモンスター』『鋼の錬金術師』『進撃の巨人』など。羽佐間さんがダンカン役で出演する『PLUTO』の音響監督を担当。

羽佐間さんとの関係は?

コロナ禍前に一度、食事をご一緒させていただいた際に、今後の声優界についてお話しさせていただいて、その中で「今後、声優さんの世界がAIに代わられる可能性」で、羽佐間さんと激論したことが、印象に残っています。羽佐間さんの努力と役に対する情熱。過去の武勇伝ではなく、今も羽佐間さんの心の中でメラメラと激《たぎ》っていることに、本当にワクワクしました。

羽佐間さんのプロフェッショナルなエピソード

昨年ご出演いただいた作品で、我々制作側と羽佐間さんと「役」への理解のズレがありました。羽佐間さんは、超ベテラン。しかしながら、何度もリハをやってきたであろう、ご自分の作ってきた役の修正を現場で必死にやられているお姿は、超ベテラン、それも「プロ」の……、と感じました。当たり前であって、当たり前のようにやることは難しい。作品を第一にお考えくださる羽佐間さんは、大好きな演者さんです。

羽佐間さんはなぜ長寿だと思いますか？

羽佐間さんには、まだまだやりたいことがたくさんおありで、また羽佐間さんを求める我々のような制作人がいるからこそ、ではないでしょうか。

羽佐間さんへのメッセージ

羽佐間さん、おめでとうございます。スタジオにてお待ちしております！　たまには飲んでいただけますか？（笑）

収録ではすぐ隣に詰めてきて「そこはそうじゃない、ここは……」と、指示されるんです。ことごとく思っていたのと違うので（笑）、頭の中の芝居をその場で全部組み替えることになる！　でも三間さんに「これができますか？」と挑まれている気もして、それで自分でも思いがけないものが出たりするんですよね。そうすると何も言われません。

大先輩なのに何でも言える関係を作ってくれます

日本チャップリン協会会長
大野裕之

羽佐間さんとの関係は？

「ボイスシネマ声優口演ライブ」でご一緒しています。チャップリンのサイレント映画に声をあてたいと、２００９年に羽佐間先生から相談がありました。彼はパントマイムだけですべてを表現できるからこそ素晴らしいのに、なぜわざわざ声をあてるのかと思いましたが、試しに口演をしてみたところ、世界の喜劇王と日本の声優の技術との最高のマリアージュであることがわかりました。そこでチャップリン家の皆さんを説得し、現在まで続けています。

羽佐間さんのすごいエピソード

チャップリン声優口演の台本は、羽佐間先生と一緒に作っています。まずチャップリンの意

おおのひろゆき●脚本家・演出家・映画プロデューサー・日本チャップリン協会会長。著書に『チャップリン作品とその生涯』（中公文庫）、『チャップリンとヒトラー メディアとイメージの世界大戦』（岩波書店）、『教養としてのチャップリン』（大和書房）など。

図を汲んだたたき台を私が書いて、それを先生が、声優がセリフとしてしゃべれるように修正していかれます。その修正のスピードがめちゃくちゃ早い。そして、おそらくほかの仕事の合間にやっておられるのだと思いますが、ものすごい夜中にメールが来るのです。すごい集中力と体力です。

チャップリンの代表作のBlu-rayセットの日本版吹き替えでもご一緒し、名作『ライムライト』でチャップリンが演じたカルヴェロの役を演じていただきました。僕が日本版台本を作ったのですが、収録の際に台本にないアドリブを入れてこられるのです。僕が「羽佐間先生、今のアドリブはちょっと……」と申し上げると「やっぱり大野さんに怒られると思った」などとおっしゃっているのです。怒られるってわかってはるんやったら、最初からやめなはれ、と言いたくもなるのですが（笑）、そんなお茶目なことをいつもなさっています。

こんなふうに大先輩なのに、何でも言える関係を作ってくれます。すごいことだと思います。

声優口演を始めるに当たって、最初は立場の違いから互いに葛藤がありました。でも、実際に声優が声をあてて上演すると、観客のリアクションがすごいんです。ワーッと笑いが起こる。元のチャップリンの喜劇と質は違わないと、納得しあうことができました。

隅々まで大事にして「みんなで作る」がポリシー

マネージャー
横田みのる

よこたみのる●1977年、制作会社ムーブマン設立時からのスタッフ。劇場の管理、経理、マネジメントなどさまざまな業務を担当。声優として、番組プロデューサーとして、会社代表としての羽佐間さんを47年間常に近くで支えてきた右腕のような存在。

羽佐間さんのポリシーがわかるエピソード

羽佐間道夫が関わって制作した作品の打ち上げがあった時のことです。私はメインテーブルからいちばん遠い後方の席に座っていました。隣には若いスタッフが数名おりました。多分ADさんたちだと思います。「こんな打ち上げに俺たちまで呼んでくれる羽佐間道夫ってすごいよな」「だいたいさ、偉い人たちだけで打ち上げするけども、俺たち呼ばれたことないもんな」「俺作品を作ったら絶対に羽佐間道夫さんと仕事してえなア」「俺もそうしてえな、絶対最初の仕事に指名するんだ」などなど聞こえてきました。スタッフの隅々の方まで大事にし「みんなで作る」が羽佐間のポリシーです。それが今日の羽佐間道夫を作り上げている一端でもあるのでしょうね。

羽佐間さんはなぜ長寿だと思いますか？

なぜ長寿かって？　それは「超欲張り」だからです。映画や舞台はもちろん、いろんな本を読み絵画展なぞに足を運ぶその好奇心たるや舌を巻きます。「みのるさんあの映画を観たかい」「あの舞台観たほうがいいよ」「この本読んだかい」「あの絵画を観に行きなさいよ…」と常に感動して紹介してくれるのです。

常に良いものに触れてポケット一杯にアイディアを詰め込んで前へ前へと突き進んで、何かを追い求めているんでしょうね。「あともう一生」あれば満足できる表現者になれると本気で考えているかもしれません。

面白くて飽きのこない彼と半世紀近くご一緒できましたのは幸せこの上ないことです。今、万感の思いを込めて「永い間有難う御座いました」と申し上げたいです。

何か弔辞みたいなメッセージですね(笑)。ADさんたちに関して言うと、一本立ちしてから呼んでもらったことはたしかにあります。ただ、私は人の名前を覚えられない欠陥があって。「あの時お世話になった○○です」と言われても「ああ、そう？」としか言わないので、ガクッとされます(笑)。

羽佐間さんの秘密を

俺の元気で驚いていたら、羽佐間さんはどうなるんだよ?と

羽佐間道夫×山寺宏一
師弟対談

イベント『声優口演』や海外ドラマ『マーダーズ・イン・ビルディング』にて共演、羽佐間さんを師と慕う山寺さん。一方羽佐間さんも28歳年下の山寺さんを「師匠と思って学びたい」と発言。お互いを尊敬する二人に、長寿の秘訣から声優界の未来についてまで、たっぷりお話を伺いました。

探りたくて今日は来ました

山ちゃんには理屈ではなくガツンと来るものがあった

――山寺さんが大学卒業後、俳協の養成所に入所したのは、羽佐間さんの名前があったことが大きかったとか。

山寺　大学生協で『声優になるためには』という本を購入して読んでいたら、俳協の紹介で〝羽佐間道夫〟という文字を見つけて「この人は！」と思いました。いろいろな映画の吹き替えで、お名前を拝見していたので。

羽佐間　どんなのを観ていたの？

山寺　たくさん観ましたけど、何といっても『ピンク・パンサー』が大好きでした。あのクルーゾー警部！　ピーター・セラーズも好きですけど、後で字幕版で観たら「あれ？　吹替版はあんなに面白かったのに」と思いました。羽佐間さんが勝手にしゃべっていたんだなと（笑）。

羽佐間　僕は養成所の試験官の一人で、山ちゃんは「目立つ声だな」というのが第一印象。衝撃的で「絶対とろう」と言ってたんだよ。

山寺　こっちはたくさん受けにきた中の一人で、羽佐間さんの姿を見て「本当にいた！」という。受かったら何を教えてくれるんだろうと期待していたら、ちっとも教えに来てくれない（笑）。

羽佐間　僕は教えるということはできないんだよ。

山寺　ちゃんとお話しさせていただいたのは、養成所を卒業してから。現場でもなかなかお会いできなかったんですけど、ある声優のパーティーがあって。制作スタッフも集まるから、マネージャーに「顔見せに行け」と言われたんですね。そこで司会をされていたのが羽佐間さん。檀上で「うちの頑張っている新人です」と紹介していただきました。僕にとって羽佐間さんは雲の上の人で、ご挨拶した程度だったんですけど。

羽佐間　赤塚不二夫さん（※55）の所にも連れていったよね。山ちゃんのことを「面白いねー」と言ってたから、「どこが？」と聞いたら「顔が面白い」って（笑）。

山寺　芸はわかってもらえなかった（笑）。というか、芸なんてしていません。ものまねは声優仲間の打ち上げや宴会でやっていただけ。それで、いきなり赤塚さんのご自宅に連れていかれたわけですから。

羽佐間 でも、印象深かったみたいだよ。

山寺 僕としては、なぜ羽佐間さんがそんなことをしてくれたんだろうと。まだレギュラーもそんなになかったし、過大評価なさってないかとドキドキでした。僕の何をどう思ってくださっていたのか、いまだに怖くて聞けません。

羽佐間 理屈ではないんだよ。フィーリング。ガツンと来るものがあったんです。山ちゃんの前だと、俳優の前田吟さんもそうだったね。

山寺 だいぶ先輩ですね（笑）。

羽佐間 赤塚不二夫さんがタモリさんを僕らに紹介してきたことがあって、それから「また面白い人を見つけよう」なんて話を二人でしていたんだよね。

山寺 すいません、タモリさんになれなくて（笑）。でも、ありがたいことでした。

誰にでも愛される羽佐間さんの秘訣とは……

――羽佐間さんは声優口演では、真っ先に山寺さんに声をかけた感じですか？

羽佐間 最初は野沢雅子さんと二人で、子供に紙芝居を見せるようなものだったのが、山ちゃんがやってくれたおかげで、こんなふうに育ったんだよ。今はいろいろな声優たちが、興味本位か野次馬根性か（笑）、出てくれるようになりました。

山寺 羽佐間さんに頼まれたら断れないというのが、いちばん大きいと思いますよ（笑）。僕がそうだったように。羽佐間さんは業界で特別すぎる存在なんです。声優口演の話を最初に聞いた時も、正直「何をおっしゃっているんだろう？」と思いました（笑）。なぜ無声映画にわざわざ声をあてるのか。でも、羽佐間さんに声をかけていただいたのがうれしくて、やってみたら面白くて。今はライフワークみたいになりました。みんなそうだと思いますよ。

羽佐間 山ちゃんは持ち上げマンだね（笑）。

山寺　いやいや。最近は羽佐間さんとご一緒する時間が長いので、その話をいろいろな所でしていて。そうすると、みんなに「いいなー」と言われるんです。特に女性の方の目がキラキラする（笑）。この前も増山江威子さんに「今、羽佐間さんとご一緒していて……」と話したら、「私がいちばん会いたい人!!」と恋する乙女の目をなさっていました（笑）。

羽佐間　江威子ちゃんとは、みんなでお酒を飲んだりはしたけど、仕事を一緒にやったことというのはほとんどないんだよね。平野文もそう。でも、結婚式の司会をした。

山寺　女性だけでなく男性にも愛されています。井上和彦さんも、配信の番組でちょっと羽佐間さんのことを話したら、「大好きな先輩！」ってグーッとテンションが上がってました。そういう人がたくさんいるんです。その秘密を探りたくて、今日は来ました（笑）。

共通点は悪口を言わない人を恨んでもしょうがない

山寺　羽佐間さんは今まで何をしてきて、こんなふうに愛されるようになったんですか？

羽佐間　わからないな（笑）。ただ、僕と山ちゃんの共通点というと、あまり人の悪口は言わないね。この本の中でも話したけど、昔「お前は役者じゃない」と言われて、カチンときたことがあったの。でも、その息子に「親父は羽佐間さんのことが好きなんです」と言われたんだよね。

山寺　大好きなのが憎まれ口になってしまったんでしょうね。

羽佐間　大好きかはわからないけど、人に何か言われても裏があるに違いないから、普通に接することが必要なのかなと思って。山ちゃんもグッとこらえるときがあるんだろうね。

山寺　僕は車の中でマネージャーに「あいつはさ」みたいなことは言ってますよ（笑）。悪口ではないけど、自分がやっていた吹き替えがほかの人になったりすると悔しくて「何で彼なんだろう?」と。

羽佐間 それは役者魂だね。だけど、そういうときも泰然自若としてないと。

山寺 たしかに、羽佐間さんが人を悪く言うのは聞いたことがない。

羽佐間 イヤだなと思う人はいっぱいいるよ。だけど、その人だって一生懸命生きているのかもしれないし。一刀両断はできない感じがするね。

山寺 忘れもしないのが、僕が大御所の人に、とても辛いことを言われて。「イマドキのやつらは……」みたいな話で、でも僕は違うと見られているのかなと思って聞いていたら、「キミも含めて」というニュアンスで、本当に落ち込んだんです。その後、羽佐間さんとのお仕事があって、ちょっと愚痴ってしまうと、「あいつはそういうことを言うのが好きなんだよ。何も気にする必要はないよ」と笑い飛ばしてくれました。その言葉にすごく救われたんです。

羽佐間 山ちゃんは良い人に思われたいというのがあるんだよね。そこに石を投げられるとガチャンと崩れちゃう。

山寺 心当たりがすごくあります。たいした人間でないのに良い人と思われたくて、嫌われるのが怖いんです。

羽佐間 僕もそういうことはさんざん味わってきている。でも、人を恨んで一生を送っても仕方ない。

山寺 羽佐間さんは物事の本質を見る目を持ってらっしゃいます。人についても作品についても、何がいちばん大事なのか考えようとされていて。普通はいろいろ捉われて大事なことを見失いがちですけど、必ず原点に立ち返ってらっしゃいますよね？

羽佐間 あまり哲学に触れないでほしいんだよね。バレちゃうから（笑）。

山寺 それに奥様が本当に素晴らしい。ご夫婦でいるときの羽佐間さんって、余計若返っているんですよ。ああ、この関係性がもとにあるのかと、スッと腑に落ちるんです。

身の周りで起きた面白いことを人に伝えるのはいい訓練になる

――海外ドラマ『マーダーズ・イン・ビルディング』では、山寺さんが羽佐間さんたちのキャスティングに携われたとか。

山寺　ディズニープラスのイベントで、スティーブ・マーティンにマーティン・ショート、僕の好きな二人が新作?と震えてしまって。「吹き替え版を作らないんですか?」とスタッフの方に熱く話していたら、「作ることになりました」と。それなら羽佐間さんにスティーブ・マーティンをやってもらったら最高！と。僕がマーティン・ショートでコンビを組めたら……。というか、ずっと吹き替えを観てきて、スティーブ・マーティン本人を見ても、もう羽佐間さんの声しか聞こえてきません。「断らないでくださいよ」とお願いしました（笑）。

羽佐間　スティーブ・マーティンは昔と変わらないけど、僕自身は全然違っていて、もうスピードに付いていくのに必死です。

山寺　いやいや、現場では「もう少しゆっくり」と言われているほうが多いですよ。

羽佐間　もうちょっと若かった頃は、息をうまく乗せられたんだけど。テンポがビシッとしたらいいなと思っているうちに、あっという間に終わりました（笑）。

山寺　あの物語でスティーブ・マーティンがアホなことをしゃべっているのは、普段の羽佐間さんが飲みに行って、面白い話をするときそのままなんです（笑）。小林恭治さん（※56）との珍道中とか。

――そんな話があるんですか。

山寺　海外にも30何ヵ国か行ってらっしゃるし、会話がオシャレ。面白すぎてほかの人にも伝えたいと思っても、羽佐間さんみたいに上手に語れません。よく「声優になるためにはどんな勉強をすればいいですか？」と聞かれて、そんな簡単にアドバイスはできませんけど、身の周りで起きた面白いことを人に伝える訓練をするのはいいかなと。それは羽佐間さんの話を聞くと、いつも思うことなんです。

ボイスパーカッション、ラップ究明したい声優の未来

――羽佐間さんも山寺さんのことを「師匠と思って学びたい」と発言されています。

羽佐間 師匠というより、チキショーと思うこともあるけど（笑）。

山寺 主にそっちでしょう（笑）。

羽佐間 学ぶというより、山ちゃんの真似はできないね。この前、NHKの番組に出ていたでしょう？

山寺 『無敵のボイス』ですね。ヒューマンビートボックスの秘密を探るという内容で。

羽佐間 うちの家族がみんな、テレビの前にバーッと寄ってきて。そんなこと初めてだよ。いつもは僕が何か出ていても、見やしないのに（笑）。ああいうことは僕なんかには絶対できないね。

山寺 僕は逆に、昔の吹き替えは何であんなに面白かったのか、本当に不思議です。「外国映画を面白くするためにこうしよう」みたいな話をしていたんですか？

羽佐間 ないね。自分で努力していただけ。（広川）太一郎さんなんか無礼極まるんだよ（笑）。俺がマイク前に立っているのに、押しのけてアドリブを入れようとするから、こっちも押し返して。周りからはケンカしているように見えてました（笑）。

山寺　それぞれの道を行く感じだったんですね。

羽佐間　僕らの世代からアンサンブルが出てきた。僕と山ちゃんが30歳くらい離れていて、さらに30歳くらい下の世代というと誰がいるの？

山寺　花江（夏樹）がちょうど30歳下です。（木村）昴くんもその世代。二人とも僕の後に『おはスタ』の司会をやっていますが、すごい活躍です。昴はラップもすごい。体にリズムが入っているんでしょう。僕らの世代でできる人はなかなかいません。

羽佐間　僕も浪花節ならうまいんだけど（笑）。ラップはよくわからないんだよね。『津軽海峡・冬景色』でも〝ごらんあれが竜飛岬　北のはずれと〟と来たら、北風がピューーッと吹いてくる情景が浮かぶのが、ラップでズラズラ言われたらどうだろう？

山寺　でも、ラップも歌詞を大事にしているんですよ。スピードやリズム、言葉の量は昔の音楽と全然違っても、韻を踏む言葉遊びもあるし、メッセージを伝えるという意味では、浪花節や講談に通じるものがあると思うんです。

羽佐間 そうか。では、究明しましょう。ところで、山ちゃんは生成ＡＩはどう思う？　声優の世界に浸食してくるのか。

山寺　羽佐間さんは20何年か前に対談した時も、「アニメはコンピューターに取って代わられる」と話されていましたよね。

ＡＩでは生み出せない人間の技で伝えていくものは残る

羽佐間 ＮＨＫではもう深夜のニュースをＡＩが読んでいたりするけど、母音の置き方が違うんだよね。全部パキッ、パキッと置いてきちゃう感じ。まだＡＩに読ませるオペレーターが育ってないんだと思う。

山寺　ニュースだったり、ニュアンスや感情が不要であれば、ＡＩのほうがトチらないから全然いいわけですよね。でも、エンタテイメントになると話が違う。人間以上のニュアンスをＡＩが出すのは不可能ではなくても、多分難しいし、開発にすごく経費がかかる。だったら声優を使うほうが安上がりで、追い抜かれる日はなかなか来ない気がします。

羽佐間 どっちが廉価か、という時代か。

山寺 ただ、吹き替えに関してはヤバいかもしれません。誰だって役者本人の声を聞きたいわけですよ。ジム・キャリーは日本語をしゃべれないから、僕が吹き替えをしてますけど、それができるＡＩが開発される可能性はある。

羽佐間 ジム・キャリーの声で日本語をしゃべるの？

山寺 そうですね。ジム・キャリーの声のビッグデータをインプットすれば、音声の波形パターンはできる。そこに日本語のデータを入れたら「アウチ！」が「痛てて！」に変わるのは意外と難しくないのかも。ドナルドダックなんかは演技がどうこうより、あの発声ができるかどうか。機械でやるほうが全然簡単ですから、僕は首を切られると思います。

羽佐間 声優の世界がガラッと変わる中で、生き残る手段は何だろう？

山寺 芝居は表現が無限にあるので、同じニュアンスをＡＩが出せるわけはないけど、近いものができるのであれば、あとは見る側が何を求めるか。イメージだけでいいというなら、芸を磨く意味はなくなるかもしれない。TikTokでウケる数秒の音楽ばかりになっていくような感じは、ちょっと怖いなと思います。

羽佐間 一方で、落語や講談で（春風亭）一之輔や神田伯山が大ブレイクして、あの芸に触れたいとボンボン火が燃える現象が起きているわけ。人間の技で伝えていくものは、きっと残るんだよね。

山寺 コロナで別々に録る現場が多かったのが、20人以上のスタジオも最近また経験してます。初めて会う若手の人も「何かやるぞ！」と熱くなっているのを感じました。『鬼滅の刃』も4人くらいで録って、花江を中心に一発目からすごい気合いでゾクッとしましたし、「負けないぞ」という緊張感がありました。

羽佐間 それはAIでは生み出せないね。

山寺 同じ音量や雰囲気は出せても、「ここでそう来るか」と返し合っていくことはできないですね。その感覚は『マーダーズ～』で羽佐間さん、林原（めぐみ）と3人で録っているときにもあります。

羽佐間さんにしてもらったことを後輩に伝えていきたい

――羽佐間さんが山寺さんに影響を与えたように、山寺さんから後輩に伝えていきたいこともありますか？

山寺　羽佐間さんから10年くらい前に「自分が頑張るだけでなく、人のことを考える時期かも」とおっしゃっていただきました。でも、それから何もしてなくて（笑）。後輩を誰もかわいがってないし、まずかったなと反省しています。

羽佐間　若い人たちと遊んだりはしたほうがいいよ。でも僕から見たら、山ちゃんは慕われているから。

山寺　僕の話なんか聞きたいかな、と思っちゃいます。嫉妬ばかりしていますし。関智一と「イケメン声優が多すぎて腹が立つ。何でカッコイイやつが声優をやるんだよ」なんて話してますから（笑）。だけど、先輩方にはたくさんかわいがっていただいたんですよね。自分が羽佐間さんにしていただいたことを、今度は後輩にしてあげなきゃとは思っています。

羽佐間 声優口演でも若い人たちとアンサンブルを取りながらやれるのは山ちゃん。リーダーシップを発揮してほしいと願っています。

山寺 40代の後輩たちに「ちょっと疲れてきました。山寺さんは元気ですね」と言われたので、「俺の元気で驚いていたら、90歳になる羽佐間さんはどうなんだよ?」と言ったんです。みんなオーッと盛り上がって、「まだまだ頑張ろう!」ということになりました(笑)。

やまでらこういち●6月17日生まれ。アクロスエンタテインメント所属。主な出演作はTV『アンパンマン』ジャムおじさん/めいけんチーズほか、『ルパン三世』銭形警部、『エヴァンゲリオン』加持リョウジ、映画『実写版アラジン』ジーニー、『ディズニー作品』ドナルドダックほか。ウィル・スミス、エディ・マーフィ、ジム・キャリーらの吹き替えを多く担当。テレビ東京『おはスタ』司会は1997年から2016年まで務める。

前途多望

あとがきにかえて

近頃、発声を生業とする私たちに強敵が現れました。AI自動音声です。放送局ではニュース、交通情報、天気予報などの一部ですでに、人間の声ではなくコンピューターで生成したAIボイスが使われています。アナウンサーが必要なければ、その分人件費がかからず、合理化になります。今後は災害の緊急放送や事実だけを伝えるドキュメンタリー番組などにも及んでくることでしょう。技術の進化は日進月歩です。

最近、AIを扱うエンジニアから「羽佐間さんの出演料の数分の一で、AIナレーションを組み立てられるようになりました」と言われました。「羽佐間さんと同じ色合いの声で、もう間もなくさまざまな吹き替えや報道番組、ラジオの語り、すべてをＡＩが代わってお届けできるようになります」と。それは、私がこの世界で必要なくなるという、残酷な宣告に聞こえました。

私は「声には、人生で重ねてきた喜びや怒りや悲しみが詰まっている。それは私だけのもので、真似でつくることはできないはず」と反論しました。しかし、彼は静かに言い放ちました。「それができる世界が、もう目の前に来ているのです」。実際に、この言葉をまったく否定できない状況が、徐々に現れてきています。

芸能は人間がずっと継承してきた文化ですから、なまじの学習では追い付けないとも思います。しかし、ＡＩの頭の良さは人間の数百倍でしょうから、いずれは学習して人間の演技に近づくのかもしれません。

声の仕事だけではない、ほかの仕事も同様です。たとえばアニメーターや画家も、ＡＩが画を全部描いてくれるなら、仕事が減ってしまうでしょう。

でも、ＡＩは人を心から愛することができるのか？　極論すれば、ＡＩは妊娠できるのか？　赤ちゃんにおっぱいを飲ませることができるのか？　そう考えると、人間に「血」を元にした生き方がある限り、ＡＩがどう進歩しても、踏みとどまれるとも思います。

私も命ある限り、見届けたいと思います。


私たちが絶望することは何もない、未来には希望がある。そうやって前途に希望を持ち、受け継いできた遺伝子を次に渡していくこと。それこそが、90歳からの自分のやるべきことだと思っています。

そしてやはり「孤掌不鳴」。

「元気ですね」「いつまでも若いですね」と言われますが、元気は一人でつくるものではありません。声の芸術もそうですが、元気で長く働くことも、周りの人との調和があってのもの。「孤掌不鳴」の言葉にすべてが帰結するように思います。

皆さんのあたたかなご協力でやっと本が出来上がりました。おかげさまでもう少し長生きできそうです。

ここまで読んでいただいた方々にも、厚くお礼申し上げます。ありがとうございました。

長崎の平和祈念像で知られる彫刻家の
北村西望先生100歳の時の書。

羽佐間流

長寿で現役メモ⑥

・集団の調和を大事に。誰一人欠けても成り立たないという思いでみんなに接する。
146ページ

・組織の末端の人をこそ大事に。目を配り、声をかける。
148ページ

・年下に意見を言ってもらえる存在でいる。
150ページ

相手を否定せず、いったん受け入れる

・若い人とたくさん接して、若い人から学ぶ
151ページ

・人の悪口を言わない
168ページ

・前途に希望を持ち、受け継いできた遺伝子を次に渡していく
182ページ

注釈

※6『わたしの図書室』　2009年10月よりラジオ日本ほかで放送されている朗読番組。前身は『夜の図書室』という名前で2006年9月にスタート。芥川龍之介、宮沢賢治、太宰治などの文学作品を羽佐間道夫と井田由美（日本テレビアナウンサー）が朗読している。

※7『news every.』　日本テレビ系の夕方のニュース・情報番組。2010年3月よりスタート。羽佐間道夫は特集コーナーのナレーションを不定期で担当。2023年7月には「わが人生の記憶のグルメ」で、声だけではなく映像出演も。

※8『ロッキー』　シルヴェスター・スタローン主演のボクシング映画。無名選手が世界チャンピオンに挑む物語でアカデミー賞作品賞などを受賞した1976年の第1作から、6作にわたりシリーズ化。日本語吹替版で主人公のロッキー役を羽佐間道夫が担当。

※9『ひまわり』　ソフィア・ローレン主演で1970年公開のイタリア映画。戦争によって引き裂かれた夫婦の愛の行方が描かれた。マルチェロ・マストロヤンニが演じた戦地から戻らない夫を、日本語吹替版で羽佐間道夫が担当した。

※10『PLUTO』　手塚治虫の代表作『鉄腕アトム』の人気エピソード「地上最大のロボット」を浦沢直樹がリメイクした漫画が原作のアニメ。2023年10月26日配信開始予定。羽佐間道夫は盲目の天才音楽家ダンカン役。

※11『鉄腕アトム』　1963年に放送された日本初の長編テレビ用連続アニメ。羽佐間道夫は指名手配犯ペペル役で出演。

※12浅利慶太（あさりけいた）1933年3月16日－2018年7月13日。演出家で劇団四季の創設者。『キャッツ』、『オペラ座の怪人』、『ライオンキング』などの翻訳上演で日本にミュージカルを定着させた。ミラノ・スカラ座での演出や長野オリンピック開会式のプロデュースも手掛けている。

※13小倉遊亀（おぐらゆき）1895年3月1日－2000年7月23日（105歳没）。日本画家。代表作品「O夫人坐像」など。

※14片岡球子（かたおかたまこ）1905年1月5日－2008年1月16日（103歳没）。日本画家。代表作「富士山」など。

※15篠田桃紅（しのだとうこう）1913年3月28日－2021年3月1日（107歳没）。美術家。抽象水墨画で国際的に活躍。

※16野見山暁治（のみやまぎょうじ）1920年12月17日－2023年6月22日（102歳没）。戦後の日本洋画の第一線で活躍。

※17『女中ッ子』　左幸子主演で1955年に公開された文芸映画。東北の寒村から上京して住み込みで働く女中が、家庭内で嫌われている次男のひねくれた小学生に愛情を持って接していく。

※18間十次郎（はざまじゅうじろう）江戸時代前期の武士・間光興（はざまみつおき）の通称。赤穂浪士四十七士の一人で羽佐間家の祖先。吉良邸討ち入りの際、上野介の隠れ場所を発見したとされる。享年26歳。

※19羽佐間重彰（はざましげあき）1928年5月3日－2023年6月19日。道夫のいとこ。ニッポン放送編成部長として人気ラジオ番組『オールナイトニッポン』をスタートさせフジテレビ、ニッポン放送の社長、ポニーキャニオン、産経新聞の会長、フジサンケイグループ代表を務めた。

※20佐伯祐三（さえきゆうぞう）1898年4月28日－1928年8月16日。1924年にパリに渡り、短い画業ながら「郵便配達夫」など鮮烈な作品を遺した。

※21『北風のくれたテーブルかけ』　ノルウェーの民話。北風にパンの粉を吹き飛ばされた少年が、その代わりにご馳走が出てくる不思議なテーブルかけをもらうという物語。

※22土方与志（ひじかたよし）1898年4月16日－1959年6月4日。演出家。日本初となる新劇の常設劇場・築地小劇場を創設。私財を投じて日本の新劇確立に尽力した。

※23秋田雨雀（あきたうじゃく）1883年1月30日－1962年5月12日。作家、詩人。新劇運動、社会運動、児童文学と幅広く活躍した。

※24古今亭志ん生（ここんていしんしょう）1890年6月5日－1973年9月21日。1939年に五代目を襲名。「落語の神様」と呼ばれた戦後の昭和を代表する名人。得意演目は『火焔太鼓』、『らくだ』、『抜け雀』ほか。映画『銀座カンカン娘』に出演。

※25春風亭柳橋（しゅんぷうていりゅうきょう）1899年10月15日－1979年5月16日。落語家。1926年に六代目を襲名。古

典を改作して『支那そば屋』『掛取り早慶戦』などを生み出し、ほのぼのした芸風で『大山詣り』『時そば』なども得意演目。NHKラジオ『とんち教室』に出演していた。

※26 桂文楽（かつらぶんらく）1892年11月3日－1971年12月12日。落語家。1920年に八代目を襲名。上野に住み江戸前の芸風で「黒門町の師匠」と呼ばれた。得意演目は『明烏』、『愛宕山』、『心眼』ほか。

※27 三遊亭圓生（さんゆうていえんしょう）1900年9月3日－1979年9月3日。落語家。1941年に六代目を襲名。王道かつ滑稽噺、人情噺、音曲噺と幅広いレパートリーで「昭和の大名人」と呼ばれた一人。得意演目は『真景累ヶ淵』、『御神酒徳利』、『大山詣り』ほか。

※28 林家三平（はやしやさんぺい）1925年11月30日－1980年9月20日。落語家。1955年よりテレビ番組『新人落語会』の司会を務め演芸ブームを起こす。破天荒な落語と「よし子さん」「どうもすいません」などのギャグで幅広く人気を博し、「昭和の爆笑王」と呼ばれた。

※29 古今亭志ん馬（ここんていしんば）1935年1月11日－1994年9月10日。落語家。1966年に六代目を襲名。得意演目は『粗忽長屋』『寝床』など。『お昼のワイドショー』の司会やドラマ『意地悪ばあさん』の主人公（二代目）も務めた。

※30 広沢虎造（ひろさわとらぞう）1899年5月18日－1964年12月29日。浪曲師。昭和初期から戦後に「旅ゆけば〜」の『清水次郎長伝』でラジオから人気を博し、国民的スターに。だみ声の名調子による「馬鹿は死ななきゃ治らない」「寿司食いねぇ」の当て節も知られる。

※31 一龍斎貞水（いちりゅうさいていすい）1939年6月29日－2020年12月3日。講談師。「怪談の貞水」の異名を持ち、照明や音響を駆使して『四谷怪談』などを読んだ。軍談ものから世話ものまで芸域は幅広く、2002年に講談界初の人間国宝に。

※32 エンタツアチャコ　横山エンタツ（1896年4月22日－1971年3月21日）と花菱アチャコ（1897年7月10日－1974年7月25日）による上方漫才コンビ。1930年〜1934年に活動。『早慶戦』など日常ネタで近代のしゃべくり漫才の元祖となった。

※33 春日三球・照代（かすがさんきゅう・てるよ）春日三球（1933年10月21日－2023年5月17日）と春日照代（1935年12月8日－1987年4月1日）による夫婦漫才コンビ。1970年代に「地下鉄の電車はどこから入れたの？」の地下鉄漫才で人気を呼んだ。

※34 『ピンクパンサー』高価なダイヤモンドの指輪「ピンクパンサー」を巡るアメリカのコメディ映画。2006年に公開。スティーブ・マーティンが演じた主人公のドジなクルーゾー警部役を、日本語吹替版で羽佐間道夫が担当した。1964年からのピーター・セラーズ主演のシリーズのリブート作品。そちらの吹替版でも羽佐間がクルーゾー警部役だった。

※35 『俺がハマーだ！』サンフランシスコ市警が舞台のアメリカのコメディドラマ。1986年〜1988年に放送。デヴィッド・ラッシュが演じた主人公の破天荒な熱血刑事スレッジ・ハマーを、日本語吹替版で羽佐間道夫が担当。アドリブの応酬で人気を呼んだ。

※36 「洞爺丸」の沈没　1954年9月26日に発生した日本史上最大級の海難事故。台風に襲われ、乗員乗客1155人が死亡した。イギリスの客船タイタニック号の沈没事故に次ぐ世界でも2番目に大きい事故とされる。

※37 東野英治郎（とうのえいじろう）1907年9月17日－1994年9月8日。俳優座の設立に参加。名脇役として『東京物語』、『用心棒』、『白い巨塔』などの映画に出演。ドラマ『水戸黄門』の初代の水戸黄門役も知られる。

※38 小沢栄太郎（おざわえいたろう）1909年3月27日－1988年4月23日。俳優座の設立に参加。映画『白い巨塔』、『不毛地帯』、ドラマ『新・平家物語』、『元禄太平記』などの悪役で印象を残した。

※39 千田是也（せんだこれや）1904年7月15日－1994年12月21日。1944年に俳優座の設立に参加し、代表を生涯務めた。演出家として新劇界を牽引。俳優座養成所から仲代達也、加藤剛、栗原小巻らを輩出している。俳優としては映画『地獄門』、『陽のあたる坂道』などに出演。

※40 女性に関する十二章　「文壇の秀才」と評された作家・伊藤整（い

とうせい）によるエッセイ。女性観、人生、愛、家庭観などを綴り、1954年度出版界ベストセラー第1位に輝いた。

※41 『ホパロング・キャシディ』 二丁拳銃の早撃ちカウボーイで、アメリカの偶像的キャラクターとなるホパロング・キャシディが主人公の西部劇。ウィリアム・ボイド主演のドラマ版は1949年～1951年に放送。羽佐間道夫が初めて吹き替えを担当した作品。

※42 『コンバット！』 第二次世界大戦中のアメリカ陸軍のある分隊の人間模様を描くドラマ。1962年～1967年に放送され、日本でも人気を博した。羽佐間道夫は有能だが問題児のカービー一等兵役。

※43 『特攻野郎Aチーム』 ベトナム戦争で鳴らした元特攻部隊の4人組が悪と戦う、アメリカのアクションドラマ。1983年～1987年に放送された。日本では1985年から放送。リーダーで奇襲戦法と変装に長けたジョン・スミス大佐を羽佐間道夫が吹き替え。

※44 『評決』 医療過誤を巡る法廷闘争を描いたアメリカ映画。1982年に公開。ポール・ニューマンが主演。アルコール依存症から使命感を取り戻して立ち上がる弁護士の役で、吹き替えを羽佐間道夫が手掛けた。

※45 『フレンチ・コネクション』 ニューヨーク市警の刑事がフランスとアメリカを結ぶ麻薬密輸組織を捜査するアクション映画。1971年に公開され、アカデミー賞で5部門を受賞。ジーン・ハックマンが主演。ロイ・シャイダーが演じた相棒を羽佐間道夫が吹き替え。

※46 『海峡』 本州と北海道を繋ぐ青函トンネルの完成に情熱を燃やす男たちと周囲の女たちを描いた日本映画。1982年に公開。監督は森谷司郎。高倉健が主演。吉永小百合、森繁久彌、三浦友和らが出演した。

※47 『あじさい』 明治期の文豪・永井荷風（1879年12月3日－1959年4月30日）の短編小説。1931年に発表。移り気な芸者に入れあげた三味線弾きの物語。たびたび舞台、ドラマ、映画化されている。

※48 『クレヨンしんちゃん』 おバカな行動で大人たちを振り回す5歳の幼稚園児、野原しんのすけが主人公のギャグ漫画。臼井儀人作。1992年4月からアニメ化されて大ブームを巻き起こした。しんのすけ役は矢島晶子から2018年に小林由美子に交替している。

※49 『あらいぐまラスカル』 11歳の少年スターリングとアライグマのラスカルが共に過ごした1年間を描いたアニメ。1977年に『世界名作劇場』枠で放送。やんちゃで好奇心旺盛なラスカル役を野沢雅子が務めた。

※50 『赤毛のアン』 孤児院から引き取られた、赤毛で空想好きな女の子アンが主人公の小説。カナダの作家モンゴメリの作品。日本では1979年に『世界名作劇場』枠でアニメ化された。後にスタジオジブリの設立に参加する高畑勲が監督と脚本を手掛けている。アン役は山田栄子。

※51 「雨ニモマケズ」 詩人、童話作家・宮沢賢治（1896年8月27日－1933年9月21日）の代表作の一つとされる。生前に発表された詩ではなく、没後の1934年、遺品である黒い手帳に書かれたメモとして発見された。

※52 『ズームイン!!朝！』 1979年3月から2001年9月まで日本テレビ系で放送されていた朝の情報番組。アナウンサーの徳光和夫、福留功男、福澤朗が総合司会を歴任。「おはよう新婚さん」、「ウィッキーさんのワンポイント英会話」などが人気コーナーに。

※53 「朝の詩」 『ズームイン!!朝！』内で1979年3月から1994年9月まで15年半にわたり続いた詩のコーナー。著名人による朗読から各地の折々の風景に重ねたナレーションに。花王の提供で羽佐間道夫が制作に携わった。

※54 藤山寛美（ふじやまかんび） 1929年6月15日－1990年5月21日。戦後を代表する喜劇役者。松竹新喜劇の旗揚げに参加し、アホ役で人気を博す。舞台『親バカ子バカ』がテレビ放送されて、全国に名を知られた。

※55 赤塚不二夫（あかつかふじお） 1935年9月14日－2008年8月2日。「ギャグの神様」と呼ばれた漫画家。代表作は『おそ松くん』『ひみつのアッコちゃん』『天才バカボン』など。

※56 小林恭治（こばやしきょうじ） 1931年9月3日－2007年3月8日。羽佐間道夫さん同様新劇の俳優から出発して、テレビ草創期の時代から声優やナレーターとして活躍。TVアニメ『おそ松くん』イヤミ役など。

略年表

1933年10月7日	熊本県に生まれる。消化不良が要因の病弱な体質で、2歳の頃まで大病院で入院治療していた。その後3歳半ばまで歩くことができず、自宅で梅子さんというお手伝いさんに抱っこされて育つ
1941年	小学校2年時、8歳で太平洋戦争が勃発。東京都高輪に移住する。白金小学校に転入。九州弁をバカにされ、劣等意識を感じて過ごす
1942年	小学校3年時で初舞台を経験。屋内体操場の舞台で創作物語「カチカチ山後日物語」を一人で朗読。舞台上でみんなに注目された記憶は鮮烈で、後のルーツとなる
1943年	10歳で父を亡くす。母の弟の家に預けられる。同年、長野県上田に集団疎開。Sくん事件、脱走未遂事件、仮病で帰京事件など
1946年	名教中学校（現在の東海大学附属中学）に入学。児童文学作家でもあった内木文英先生に誘われ、演劇部に入部。演劇の面白さに目覚める
1949年	正則高等学校入学。家庭の事情で演劇には触れずに過ごす
1952年	舞台俳優を目指して舞台芸術学院へ第5期生として入学
1954年	舞台芸術学院を卒業、劇団中芸に入団。寄席の切符売りなどのアルバイトをしながら、新劇俳優として活躍

1957年	アルバイトの一つとしてラジオドラマに出演したことをきっかけに、西部劇『ホパロング・キャシディ』で吹き替え声優デビュー。その後ディーン・マーティン、シルヴェスター・スタローン、ピーター・セラーズ、ポール・ニューマン、マルチェロ・マストロヤンニ、アル・パチーノ、ロバート・デ・ニーロ、ジョージ・ペパード、ジャン＝ポール・ベルモンド、スティーブ・マーティン、チャールズ・グローディン、ジェームズ・ガーナーなどの吹き替えを多数担当する
1960年	東京俳優生活協同組合設立メンバーとしてかかわり声優の地位向上に尽力
1961年	仕事を通じて出会った現夫人と28歳で結婚
1962年	アメリカのTVドラマ『コンバット！』カービー二等兵／上等兵役
1963年	日本初の長編連続TVアニメ『鉄腕アトム』指名手配犯・ペペル役
1970年	ソフィア・ローレン主演のイタリア映画『ひまわり』アントニオ（マルチェロ・マストロヤンニ）役
1979年	TVアニメ『赤毛のアン』ナレーション
1983年	ボクシング映画『ロッキー』主人公ロッキー（シルヴェスター・スタローン）役。6作にわたりシリーズ化し、随一の代表作となる
1985年	アメリカのドラマ『特攻野郎Aチーム』ジョン・スミス大佐（ジョージ・ペパード）役
1986年	アメリカのドラマ『俺がハマーだ!』スレッジ・ハマー（デヴィッド・ラッシュ）役

1977年	株式会社ムーブマン設立
1977年	男性声優バンド「スラップスティック」の活動をプロデュース。メンバーは野島昭生・古川登志夫・古谷徹・三ッ矢雄二（旧メンバーは神谷明、曽我部和恭、鈴置洋孝）。大瀧詠一、かまやつひろしらが楽曲提供し、ラジオ・テレビ・映画出演、アルバムリリースやコンサート開催で声優ユニットの草分けとなる
1989年	OVA『銀河英雄伝説』ワルター・フォン・シェーンコップ役
1991年	『スーパーテレビ情報最前線』ナレーション。1995年～2001年にかけて放送された「美空ひばり特集」はナレーションのほか企画演出も担当
2001年	ナレーションの功績により第18回ATP賞個人部門で賞を受賞
2002年	映画『スター・ウォーズ』ドゥークー伯爵役
2006年	ライブイベント『声優口演』第一回開催
2008年	第2回声優アワード功労賞を受賞
2016年	映画『ライムライト』チャップリン役（BD版）
2021年	東京アニメアワードフェスティバル2021功労部門賞を受賞
2022年	映画『ひまわり』アントニオ（マルチェロ・マストロヤンニ）役（50周年記念レストア版）
2023年10月7日	90歳を迎える

ブックデザイン　石井志歩（Yoshi-des.）
撮影　桑島智輝
編集協力　斉藤貴志
マネジメント　原島さとみ（ムーブマン）
校正　東京出版サービスセンター
編集長　廣島順二（声優グランプリ）
編集担当　矢沢 泉（声優グランプリ）

Special Thanks　青二プロダクション／アクロスエンタテインメント／オフィスPAC／クレイジーボックス／ケンユウオフィス／ジャムライス／尚美ミュージックカレッジ専門学校／テクノサウンド／日本チャップリン協会／日本テレビ／ムーブマン／ラジオ日本／LAL／ルックアップ

90歳現役声優《さいげんえきせいゆう》　元気《げんき》をつくる「声《こえ》」の話《はなし》

2023年11月20日　第1刷発行

著　者　羽佐間道夫《はざまみちお》
発行者　廣島順二
発行所　株式会社イマジカインフォス
〒101-0052　東京都千代田区神田小川町3-3
電話 03-3294-3616（編集）
発売元　株式会社主婦の友社
〒141-0021　東京都品川区上大崎3-1-1 目黒セントラルスクエア
電話 049-259-1236（販売）
印刷所　大日本印刷株式会社

ISBN978-4-07-456119-3